W0066606

**Andrea Weber / Andreas Bock
Unter alten Dächern**

Andrea Weber
Photographien von Andreas Bock

Unter alten Dächern

Häuser in Schleswig-Holstein
erzählen Geschichten

Christians

Die Deutsche Bibliothek - CIP-Einheitsaufnahme
Unter alten Dächern: Häuser in Schleswig-Holstein erzählen
Geschichten/Andrea Weber. Photos von Andreas Bock.
Hamburg: Christians, 1994
ISBN 3-7672-1216-1
NE: Weber, Andrea; Bock, Andreas

Bildnachweis
S. 12   Photo: Bartel
S. 25, 29 unten, 33 unten   Photos: Gertsen
S. 39 oben   Photo: Kiesewetter
S. 44 unten rechts und links   Photos: v. Rumohr
S. 52 oben, 54, 55, 56, 58,59   Photos: Weber
S. 62 unten, 63, 65 oben,
68 oben   Photos: Andresen
S. 80   Photo: Uecker
S. 81 Titel des Buches ›Wenn der Tod tanzt‹
Copyright: Lutherische Verlagsgesellschaft,
Kiel 1994.
Alle übrigen Bilder sind von Andreas Bock.

Impressum
© Christians Verlag, Hamburg 1994
Alle Rechte vorbehalten
Graphische Gestaltung: Ulrike Thiele/Till Schlünz
ISBN 3-7672-1216-1

Inhalt

Vorwort

Rosenhof, Fresenhof, Gut Rundhof, Holländerhof ... Namen von Häusern, die ihrer Geschichte einen Klang geben.

In Angeln, in Friesland, auf der Hallig Langeness oder im östlichen Schleswig-Holstein.

Sie alle sind mehrere hundert Jahre alt, bewohnt und haben viele Generationen lang den Alltag der Menschen auf dem Lande begleitet.

Dieses Buch erzählt vom Leben in alten Häusern in der Vergangenheit und heute. Wir haben uns auf die Suche nach der Geschichte dieser Häuser gemacht, haben die Häuser besucht und erfahren, was es an Geschichte und Geschichten zu erzählen gibt ... Erinnerungen an Kindheit und Jugend in einer Zeit, als man noch glaubte, auf den Halligen leben ›Wilde‹. Oder die Entstehung des Liedes ›Fresenhof‹, mit dem Knut Kiesewetter ein Volkslied für Schleswig-Holstein schuf.

Das Buch erzählt aber auch vom Wunsch vieler Bewohner, Altes zu erhalten und zu bewahren. Vom Pastor Uecker aus Klein Wesenberg, der einen Krimi schrieb, um die Orgel seiner Kirche restaurieren zu können. Oder von Gretchen Bartel, die schon in den 60er Jahren begann, Altes vor dem Sperrmüll zu retten und deren kleines Museum heute über wahre Schätze verfügt. Der adlige Gutsbesitzer Wulf-Henning von Rumohr verwendet große Kraft darauf, das 400 Jahre alte Herrenhaus der Tradition gemäß weiterzuführen.

Das Buch erzählt aber auch von der Gegenwart. Vom Leben in Häusern, auf Höfen und der Hallig, von alten Gewohnheiten, die man ungern aufgeben mag, und von Veränderungen.

Wir danken allen, die die Entstehung dieses Buches unterstützt haben. Ein besonderer Dank gilt denen, die in diesem Buch zu Wort kommen. Sie nahmen sich Zeit, gewährten uns Zutritt in ihre privaten Wohnräume und stellten uns Photos zur Verfügung. Ohne sie hätte das Buch nicht entstehen können.

Gretchen Bartel und Familie, Wagersrott
Marius und Martha Hansen, Langeness
Käte Gertsen, Langeness
Gerhard Karau, Langeness
Knut und Regine Kiesewetter, Bohmstedt
Wulf-Henning von Rumohr, Rundhof
Johannes Tomeyer, Uelvesbüll
Friedrich Heddies und Inke Andresen, Tetenbüll
Walter und Marieliese Nehls, Lankau
Christian Uecker, Klein Wesenberg

Das älteste bewohnte Bauernhaus in der Landschaft Angeln

Im östlichen Angeln, unweit der Stadt Kappeln, liegt die kleine Ortschaft Wagersrott. Der Holländerhof findet sich, wenn man von Süderbrarup kommt, direkt am Ortseingang auf der linken Seite und ist das älteste noch bewohnte Südangelner Fachhallenhaus. Im Wirtschaftsteil des Hauses ist die private Sammlung alter bäuerlicher Wohn- und Lebenskultur untergebracht: Haus- und Hofgeräte, alte Handarbeiten, Wäsche und Kleidung. Schwerpunkt: Frauenarbeit. Das kleine Museum ist zu besichtigen.

Ein Ort fernab der Zeit

Es ist Ende Oktober. Der Himmel ist bedeckt, und der Bauerngarten hinter dem Haus verabschiedet sich mit den letzten welken Rosenblüten, die am schon blattlosen Stock hängen und noch immer wundervoll duften. Wie zauberhaft muß es hier im Frühjahr sein, wenn das Land im sonnengelben Raps fast zu ertrinken scheint. Aber auch jetzt, im Herbst, sieht das riesige Bauernhaus in Wagersrott aus wie aus dem Bilderbuch. Die schmale Allee, die zu dem mächtigen Fachwerkbau führt, die kleinen Fenster und die gestrichene Haustür. Noch immer steht im Hof die alte Wasserpumpe, und noch immer wird das weiche Strohdach von langen Hölzern am Dachfirst festgehalten – typisch für die Häuser dieser Landschaft. Hier möchte man bleiben, in das frühere Leben eintauchen, das so nah scheint.

Direkt vor dem Haus verlaufen die Schienen der alten Museumseisenbahn, die noch heute zwischen Süderbrarup und Kappeln verkehrt. Früher tuckerte der Zug 13mal täglich am Haus vorbei, ›da brauchte man gar keine Uhr‹, erzählt Gretchen Bartel. Sie ist hier aufgewachsen. Nicht ohne Stolz zeigt sie uns ihr Zuhause. Noch heute wohnt die Familie in vier Generationen. Gemeinsam lebt die Großfamilie vom Milchvieh, die dunkelbraunen Kühe grasen direkt hinter dem Haus.

Genug zu tun gibt es hier immer. Ausbesserungsarbeiten am Haus, die Pflege des Gartens, der Haushalt, und ganz nebenbei noch die vielen Besucher. Ein Haus, das 1635 erbaut wurde, ist wie ein Faß ohne Boden. Ständig muß etwas erneuert werden, was im Laufe der Jahre rott wurde. Für Gretchen Bartel ist dieses Haus aber auch zur Lebensaufgabe geworden, und das spüren inzwischen bis zu 6000 Besucher, die jährlich auf den Hof kommen und ihre Schätze bewundern. Ganz anders als in einem üblichen Museum geht es hier zu, wo vielleicht ein altes Gebäude oder ein paar nicht mehr benutzte Gegenstände gepflegt werden: Hier wird auch noch gelebt. Und in diesem Sinne ist der Holländerhof etwas Einmaliges, das wir bei unserem Gang durch Haus und Stall eindringlich erleben.

Ein Blick zurück

Natürlich sieht der Holländerhof heute nicht mehr aus wie im Entstehungsjahr 1635. Die heutige Wohnung unterscheidet sich nicht sehr von der anderer Leute, auch wenn bei Bartels vielleicht das eine oder andere ›alte Stück‹ steht. Man findet aber noch ein paar weitere Spuren, die von der Vergangenheit erzählen. In der Küche steht der elektrische Herd heute dort, wo früher das offene Feuer brannte. Der Kamin ist noch da. Fachhallenkaten waren ursprünglich Rauchhäuser, das heißt in

Holländerhof,
Öffnungszeiten:
Montag, 14.00 – 16.00
Uhr, Mai bis November
oder nach Vereinbarung, Tel.: 04641 / 2292
Gretchen Bartel,
24392 Wagersrott

Angelner
Dampfeisenbahn
Kappeln-Süderbrarup,
nähere Informationen
in der Mühle,
Schleswiger Str. 1,
24376 Kappeln,
Tel.: 04642 / 1042

Die Küche von Gretchen Bartel. Im heute noch sichtbaren Kamin brannte früher das offene Feuer.

der großen Diele, der ›Grootdeel‹, brannte ein offenes Feuer, auf dem gekocht wurde. Es stellte in den meisten Fällen die einzige Heizquelle des Hauses dar. Als der Holländerhof gebaut wurde, existierte ganz bestimmt noch nicht einmal ein Schornstein im Haus. Dadurch verteilte sich der Rauch in der ganzen Diele, räucherte die Schinken und Würste, die von der Decke hingen, und vernichtete darüber hinaus das Ungeziefer, mit dem die alten Rauchhäuser reich gesegnet waren. Man kann sich das heute nicht mehr vorstellen.

Erst im 18. Jahrhundert begann man Schornsteine zu bauen, schon wegen der Brandgefahr. Die rußgeschwärzten Balken sind noch heute im Wirtschaftsteil des Hofes vorhanden. Daß das Leben im Rauchhaus nicht gerade gesundheitsförderlich war, kann man sich vorstellen. In der Tat hatten die Bauern keine hohe Lebenserwartung. Man kann das auf alten Photos sehen. Harte Arbeit und strenge Lebensbedingungen haben die Gesichter frühzeitig altern lassen.

Auf Spurensuche

Die baugeschichtlichen Zusammenhänge des Holländerhofes haben im Jahre 1938 das Interesse des Hausforschers Hermann Paur geweckt. In seinem Artikel in der Zeitschrift ›Die Heimat‹ aus dem Jahr 1938 findet sich ein ausführlicher Bericht über

Im Wirtschaftsteil des
Hofes hat Gretchen Bartel
ein Museum eingerichtet.

Ein Bild von gestern. Der Holländerhof hat sich kaum verändert.

Zur Erinnerung bekam die Großmutter von Frau Bartel den Holländerhof als Gemälde, als sie bei ihrer Heirat den Hof verließ (1902).

den Hof. Daß der Name auf den ursprünglichen Besitzer zurückgeht, liegt nahe. Ansonsten betrafen die Untersuchungen Paurs lediglich bauliche Veränderungen des Hofes. Aus Balkeninschriften, Holzveränderungen und Baukonstruktionen kann man oft auf ursprüngliche Formen schließen. So wird aus den Forschungen erkennbar, daß der Hof nicht mehr in der ursprünglichen Form erhalten ist. Vielmehr haben sich wandelnde Lebensbedingungen immer wieder dafür gesorgt, daß angebaut, umgebaut, vergrößert und verändert wurde. Die Gründe dafür kann man sich vorstellen. Veränderte Besitzverhältnisse und Ansprüche, Umstrukturierungen und gesellschaftliche Veränderungen haben ihre Spuren hinterlassen. Je weiter man aber in die Geschichte dieses beachtlichen Hauses vordringt, desto größer wird die Neugierde auf das, was mit dem Tod der Menschen, die Familiengeschichten noch erzählen konnten, ein für allemal verschwunden ist.

Wenn man heute in einem solchen Haus steht, in dem die Vergangenheit überall durchschimmert, kann man nicht umhin, sich vorzustellen, wie damals gelebt wurde. Hat man dann auch noch die Chance, mit Gretchen Bartel auf die Reise in eine andere Zeit zu gehen, gelingt das noch besser. Sie hat sich selbst schon vor vielen Jahren auf die Suche nach der Geschichte des Holländerhofes gemacht.

Die Schatzkammer des Hauses

Im ehemaligen Wirtschaftsteil des Hauses befindet sich heute die kleine private Museumssammlung von Gretchen Bartel. Wer hier eintreten darf, möchte nie wieder ein Museum besuchen, in dem sich die Gegenstände nur hinter Vitrinenscheiben befinden oder wo Schilder davor warnen, etwas anzufassen. Hier liegt alles offen auf Tischen, in Regalen, hängt an Wänden oder steht auf dem Fußboden.

Seit den 60er Jahren sammelt Gretchen Bartel alles, was alt ist. ›Schon früher kamen die Leute und wollten unser Haus anschauen. Die fragten dann immer, ob ich noch alte Sachen habe, und die hatte ich damals eben nicht mehr.‹ So kam ihr die Idee, zu sammeln, was bei Nachbarn, Freunden und Bekannten sonst im Müll gelandet wäre. ›Damals hat sich ja kein Mensch für altes Zeug interessiert.‹ Und so fragte man zuerst Gretchen Bartel, bevor man etwas wegwarf. Was sich bis heute hier angesammelt hat, ist enorm.

Irgendwann kommt alles wieder

In der Ecke steht ein altes Grammophon und etliche Schellackplatten. ›Das hat mein Vater mal für 20 Mark gekauft.‹ Mit dem schepperigen Klang alter Tanzmusik aus den 50er Jahren beginnt unsere Reise in die Vergangenheit. Vor uns liegt ein großer Stapel mit alter Wäsche, Frau Bartel hält sich eine alte Hemdhose an. ›Heute heißt das Body‹, sagt sie lachend. Sie weiß genau, woher die Sachen kommen, wofür sie benutzt wurden und wie man sie herstellte. Hier braucht man keine erklärenden Tafeln, Frau Bartel kann Auskunft geben. Vieles von dem, womit man sich früher behalf, weil Kühlschränke oder andere, heute selbstverständliche Dinge fehlten, ist heute fast vergessen. So sehen wir eine bemalte Holzkiste mit Deckel und einem raffinierten Verschlußsystem. Im sogenannten Vesperkasten hat man früher den Bauern das Essen aufs Feld gebracht. Frisch gehalten wurde alles durch ein Rhabarberblatt, das man mit in die Kiste packte. ›So etwas weiß heute kaum noch einer.‹ Auf dem Boden steht eine alte Kochkiste. Damit hat man früher das Essen gegart. Auf dem Herd heißgemacht, wurde der ganze Topf in die mit Heu ausgelegte Holzkiste hineingestellt und mit einem Deckel verschlossen. So köchelte das Essen weiter. Frau Bartel zeigt uns einen kleinen Zeitungsausschnitt, der die moderne Version dieses Prinzips vorstellt. Aus Styropor kann man die Kochkiste heute in vielen energiebewußten Haus-

Hier gibt es nichts, was es nicht gibt. Die Sammlung von Gretchen Bartel hat mehr Atmophäre als jedes Museum.

ßer Sorgfalt aus Frauenhaar und Stücken von Zahnbürstenstielen zusammengeflochten. Aber auch ein Stück Beklommenheit befällt einen, wenn man sich Szenen von Abschied oder Wiedersehensfreude aus dieser Zeit vorstellt.

Das Geheimkästchen

›Versuchen Sie mal, dieses Kästchen zu öffnen.‹ Frau Bartel drückt mir ein kleines, mit filigranen Mustern verziertes Holzkästchen in die Hand. Durch Verschieben des zweigeteilten Deckels in die unterschiedlichsten Richtungen und mit einiger Mühe gelange ich schließlich an das Innerste diese ›Geheimkästchens‹. Darin liegt ein winziges goldenes Schloß, in dessen Mitte ein Schlüsselchen steckt. Dieses Kästchen stammt aus den Anfängen dieses Jahrhunderts. Die Tante von Gretchen Bartel hatte es von ihrer Großmutter mit den Worten geschenkt bekommen: ›Alles, was man dir erzählt, mußt du in deinem Herzen verschließen und auch Deine Gedanken und Wünsche in dieses Kästchen versenken, es zuschließen, damit da keiner beikann.‹ Oder ein ganz winziges, unscheinbar wirkendes goldenes Kreuzchen mit einem funkelnden Stein in der Mitte. Hält man das Kreuz gegen das Licht, kann man mit Mühe das Bild eines gekreuzigten Jesus erkennen. Frau Bartel ist selbst immer wieder beeindruckt von den Schätzen, die bei ihr liegen. Aber sie wären nicht lebendig ohne die Person Gretchen Bartel mit ihren Geschichten. Und das sind nicht nur Geschichten aus der Familie oder aus der Nachbarschaft. Auch historische Hintergründe und Wissenwertes über Heimatmuseen kann man hier erfahren.

halten wiederfinden. ›Man kommt immer wieder auf das Alte zurück‹, sagt sie. Und das liegt nicht am Hang zur Nostalgie, sondern daran, daß es auch früher schon eine Menge Möglichkeiten gab, um sich das Leben so angenehm wie möglich zu gestalten.

Jedes Ding erzählt hier Geschichte

Vor einigen Jahren wurde in Wagersrott eine spektakuläre Entdeckung gemacht. Zwei Koppeln weiter fand man bei Dränagearbeiten eine 200 Jahre alte hölzerne Wasserleitung. Die Zeitungen berichteten damals davon. Bei Gretchen Bartel kann man nicht nur den ausgehöhlten Baumstamm bestaunen, sondern auch das Werkzeug, mit dem man die ersten Wasserleitungen fertigte. Gleich nebenan hängt an der Wand eine hölzerne Kukkucksuhr. Sie stammt aus der Familie. Im Zweiten Weltkrieg hatte ein Soldat im Tausch dafür Lebensmittel bekommen. Daran erinnert sich Gretchen Bartel selbst noch genau. ›Als Kinder waren wir begeistert, wenn der Kuckuck sich stündlich zu Wort meldete.‹ Viele Gegenstände hier erzählen Geschichten aus dem Krieg. Oft wurde aus ungewöhnlichsten Materialien in mühevoller Kleinarbeit ein Geschenk gebastelt. Ein Armband liegt da, mit gro-

Doktor Hiltrups Kräuterpraxis

Ganz beeindruckt verläßt man das ›Herzstück‹ des Holländerhofes. Aber die Geschichten gehen weiter. Im übrigen Teil des Hauses wohnt die Familie, und auch

Das Armband wurde aus
Frauenhaar und Stücken
von Zahnbürstenstielen
gefertigt.

›Alles, was man dir
erzählt, mußt du in dei-
nem Herzen verschließen
und auch deine Gedanken
und Wünsche in dieses
Kästchen versenken, es
zuschließen, damit da keiner beikann.‹

hier spielt sich nicht nur der normale Alltag ab. Auch an diesem Küchentisch wird im Sommer eingekocht, und in der Stube nebenan macht man es sich gemütlich. Jedenfalls meistens.

Denn es gibt Tage, da wohnt hier der Kräuterdoktor Hiltrup: Der Holländerhof ist nämlich auch Kulisse der bekannten Fernsehserie ›Der Landarzt‹. Seit 1986 wird hier hin und wieder gedreht. Dann zieht die Familie kurzzeitig zur Mutter oder zum Sohn um. ›Wenn hier die Fernsehteams auftauchen, räumen wir das Feld‹, erzählt Gretchen Bartel. Das können bis zu 30 Personen sein, die dann auf dem Hof herumlaufen. Deshalb stehen auch bei unserem Besuch alte Arzneiflaschen auf dem Schrank, und es sieht tatsächlich aus wie in einer alten Praxis.

Aber all dies kann Frau Bartel nicht schrecken. Seit der Holländerhof den Weg auf die deutschen Bildschirme geschafft hat, ist es mit der Ruhe vorbei. Busseweise reisen hier Neugierige an, um die Praxis des Landarztes in natura zu bestaunen. ›Da könnte ich ein richtiges Geschäft draus machen‹, sagt Frau Bartel. Aber das möchte sie nicht. Inzwischen gibt es aber zumindest Photos vom Landarzt zu kaufen und kleine Fläschchen mit Hinnerksens Kräutertrunk. Mehr möchte sie aber auch nicht machen. Wenn hier gedreht wird, gibt es natürlich auch ein bißchen Geld. Das können die Bartels gut gebrauchen, denn so ein Haus ist wie ein Faß ohne Boden. Es braucht mal wieder ein neues Fenster, oder man muß einen Balken in der Hauswand auswechseln.

Die Kühe wollen gemolken werden

Man fragt sich, wie bei all dem, was hier passiert, noch Platz ist für die täglichen Arbeiten. Für solche Fragen bleibt Gretchen Bartel keine Zeit. Sie macht es eben, und zwar alles. Schon fast im Gehen, läutet es an der Haustür, ein Junge aus der Nachbarschaft bringt ein altes Kochbuch vorbei. ›Hab' ich noch gefunden.‹ Wir verewigen uns auf einem Stück Stoff, auf dem sich schon vor uns viele ein Zeichen gesetzt haben. Die Stunden auf dem Holländerhof waren wie ein Stöbern auf Großmutters Dachboden.

Nun erwachen wir wieder, Frau Bartel hat es eilig, denn ›die Kühe wollen gemolken werden.‹

*Hinter dem Hof weiden
die Kühe.*

*Gemeinsam lebt die
Familie von der
Milchwirtschaft.*

*Leben zwischen Sturm
und Stille – die Hallig
Langeness.*

Eine Reise auf die Hallig Langeness

Eine halbe Autostunde von Husum entfernt liegt Schlüttsiel. Hier legt die Fähre ab, die an den Halligen Hooge und Langeness anlegt, um dann weiter gen Amrum zu fahren. Zweimal täglich verkehrt die Fähre in der Saison. Autotransporte müssen vorher angemeldet werden.

Der schnelle Weg in eine andere Welt

Kaum legt die Fähre im noch dichten Nebel in Richtung Halligen ab, geht im wahrsten Sinne des Wortes ›die Sonne auf‹. Die Oktobersonne kämpft sich durch den schweren Dunst, der über der Nordsee hängt, und öffnet den Blick auf die Halligwelt. Wie kleine Trutzburgen ragen bald links, bald rechts kleine bebaute Hügel aus dem Wasser: Habel, Gröde, Oland ... Auf Hooge legt die Fähre an. Der Großteil der Fahrgäste geht von Bord. Wenige Stunden später wird sie hier wieder anlegen und die Tagesgäste abholen. Auf Langeness sind wir die einzigen, die das Schiff verlassen. Die Saison ist vorüber, im einzigen Gasthaus auf der Hallig ist problemlos ein Zimmer zu bekommen.

Fast fremd wirkt die Ruhe hier, nichts ist zu sehen als Wasser, Wiesen und die Warften, deren Häuser verraten, daß hier Leben ist.

Wie mag es sein, hier zu leben? – um dies zu erfassen, braucht man Zeit. Eine kurze Rundfahrt mit dem ›Halligexpress‹ genügt nicht. Die Halligbewohner kennen ihre Gäste und wissen genau, warum manche Besucher immer wiederkommen. ›Entweder man kommt nie wieder, oder man kann nicht mehr davon lassen‹, erklärt uns der Besitzer des Gasthauses auf der Hilligenleywarft. Trotz großer Veränderungen, denen die Halligen in den letzten Jahren unterworfen waren, ist das Leben hier eigentümlich geblieben.

Leben zwischen Sturm und Stille

Wer es hier aushält, hat gelernt, mit Einsamkeit und Natur zu leben. 125 Einwohner hat Langeness und ist mit einer Länge von zehn Kilometern die größte Hallig Nordfrieslands. Ganz im Westen steht der Leuchtturm. Von hier aus führt ein betonierter Weg einmal über die ganze Insel. Wie Perlen an einer Kette reihen sich rechts und links davon die insgesamt 18 Warften an, die auf Langeness liegen. Immer wieder zweigen kleine Fußpfade vom Hauptweg ab, hinauf zu den Häusern, die so nah beisammenliegen, als versuchten sie, einander vor dem Wind zu schützen.

Ebenfalls im Westen der Hallig liegt die Neupeterswarft. Auch hier stand einmal ein Haus. Seit 1962, als die große Sturmflut alles mit sich riß und nur sehr wenige Häuser unzerstört blieben, ist die Warft unbewohnt. Die Bewohner konnten sich damals nur mit Mühe retten. Am Morgen nach der großen Flut bemühte sich ein Ehepaar, mit ihrem Kind auf dem Rücken, bis zur Brust im eiskalten Wasser, die nächstliegende, fast einen halben Kilometer entfernte Warft zu erreichen. Seither wurde hier kein neues Haus gebaut. Auch die übrigen Warften nahmen bei dieser letzten schweren Sturmflut Schaden. Kirchhofswarft, Maienswarft, Hilligenleywarft, Süderhörn, Treuberg, Ketelswarft, Tadenswarft, Christianswarft und wie sie alle heißen. Hinter jedem Namen stehen Geschichten. Viele davon können

Abfahrtszeiten und Information: Wyker Dampfschiff-Reederei Föhr-Amrum, Tel.: 04681/80-0

Auskunft und Zimmervermittlung: Fremdenverkehrsverein ›Hilligenley‹ 25863 Langeness, Tel.: 04684/217 (tgl. von 8.00-14.00 Uhr, außer samstags)

Der direkte Weg – ein Lorendamm verbindet die Hallig mit dem Festland.

die Halligbewohner erzählen. Aber die Welt hier ist eine andere als die auf dem Festland. Still ist es. Fast unnahbar wirken die Warften für den Fremden, wenn im Spätherbst die Wegweiser schon abmontiert sind und man nur noch ein vergessenes Schild mit der verblaßten Aufschrift findet: ›Hier kein Kaffee‹. Nur vereinzelt sieht man Wanderer, in Gummistiefeln und mit Fernrohren ausgerüstet, auf dem Weg ins Watt. Langeness ist ein Paradies für Ornithologen.

Am östlichen Ende von Langeness verbindet seit 1899 ein Lorendamm die Hallig zunächst mit Oland, von dort aus mit dem Festland. Ein Großteil der Halligbewohner besitzt eine Lore, um unabhängig vom Fährverkehr das Festland erreichen zu können. Jedes Gefährt sieht anders aus. Mit ihren Loren sind die Halligleute eigen. ›Eher kann man die Leute fragen, ob sie ihr Auto verleihen, als die Lore‹, erklärt Gerhard Karau, der uns zum Lorenplatz bringt. Ganz und gar nicht kleinlich ist er hingegen mit seinem alten Mitsubishi. Der transportiert einen Dieselmotor und alles, was sonst noch mitwill. 21 Fahrräder auf einmal hatte das Auto schon geladen.

Ganz im Osten von Langeness stehen sie in einer Reihe, die fahrbaren Holzkisten. Mit ohrenbetäubendem Motorengeräusch verschwinden sie im Nebel. Auf Schienen, die mitten durchs Watt ins Ungewisse führen ...

Eine populäre Gestalt in der Halliggeschichte ist die von Oland stammende ›Käpt'n Magda‹. Magda Matthiessen hat zwischen 1945 und 1970 den Lorenverkehr zwischen Oland und Dagebüll geregelt. Mit ihrer Segellore jagte sie die sieben Kilometer lange Strecke von Oland nach Dagebüll, bei Wind mit erstaunlicher Geschwindigkeit. Fehlte aber der Wind, mußten die Fahrgäste schieben. Dabei hat so mancher Besucher nasse Füße bekommen. Bis heute ist die kleine Hallig Oland nur über den Lorendamm zu erreichen.

Ein Leben auf der Hallig – Herr und Frau Hansen vor ihrem Haus.

Der Fischer und seine Frau

Unser Ziel ist die Tadenswarft. Sie liegt etwa in der Mitte der schmalen, langgestreckten Hallig. ›Da vorne rechts und dann immer geradeaus, bis der Weg endet‹, so wird uns die Strecke beschrieben. In der Tat ist es nicht schwer, auf Langeness jemanden ausfindig zu machen. Hier kennt natürlich jeder jeden, und ein Brief kommt sicher an, auch wenn er falsch adressiert ist. Dort, wo der Weg endet, steht ein kleines Fischerhaus. Das Ehepaar Hansen lebt hier nur wenige Meter von der Ketelswarft entfernt, auf der Marius Hansen vor mehr als 80 Jahren geboren wurde. Eine schwarze Katze sitzt vor der Tür, als wir die alten verrosteten Fahrräder um die Ecke lenken. ›Mein Mann kann Ihnen was erzählen‹, meint Martha Hansen, als wir die kleine Küche mit der niedrigen Decke betreten, ›der ist hier geboren. Ich bin nicht von hier.‹ Sie stammt von der Nachbarhallig Oland. Seit ihrer Heirat lebt sie allerdings auf Langeness.

82 Jahre seines Lebens hat Marius Hansen auf der Ketelswarft verbracht. Vor einem Jahr zogen die beiden auf die Nachbarwarft und überließen das Haus der Tochter. Nur sie ist auf der Hallig geblieben. Ein bißchen Heimweh klingt aus den Erzählungen heraus, auch wenn die Di-

82 Jahre auf der Ketelswarft

*Erzählen von früher ...
Die letzten 30 Jahre hat
sich das Halligleben
grundsätzlich gewandelt.*

stanz nur ein paar hundert Meter beträgt. ›Was mir am meisten fehlt, ist der Blick‹, meint Herr Hansen. ›Früher konnte ich vom Küchenfenster aus bis nach Föhr schauen.‹ Blickt man heute aus dem Küchenfenster, kann man wirklich nicht weit sehen. Für den Blick in die Weite muß man bei Hansens jetzt in die Stube hinübergehen. Von dort aus reicht er bei klarem Wetter übers Watt bis zum Festland.

Direkt hinter dem Haus liegt der Fething, ein künstlich angelegter Süßwasserteich. Hier wird Regenwasser für die Tiere gesammelt. Eine Wasserleitung vom Festland erhielt Langeness erst 1969. Süßwasserquellen gibt es nicht auf den Halligen.

Kindheit auf Langeness

Marius Hansen wurde 1910 auf der Ketelswarft geboren. An seine Kindheit erinnert er sich gerne, obwohl die Kinder einer 11köpfigen Familie sicherlich schon früh zu spüren bekamen, wie beschwerlich das Halligleben sein kann. Damals wurde gerade damit begonnen, auf den Halligen Steindämme zu befestigen, um zu verhindern, daß die Flut ständig Teile der Hallig abbrach. Obgleich Fremde oft meinen, das Leben auf den Halligen sei bis heute rauh und beschwerlich, weil nicht alles um die Ecke liegt und die Möglichkeiten der Zerstreuung fehlen, hat sich natürlich auch hier vieles gewandelt. Anfang dieses Jahrhunderts waren die Halligen tatsächlich noch weitgehend auf sich selbst gestellt. Die Hansens lebten vom Fischen, der Viehzucht und dem Tauschhandel. Schon als kleiner Junge, erzählt Marius Hansen, habe er sich mit um die Familie gekümmert. ›Wir waren den ganzen Tag unterwegs‹, erzählt er. Da mußte so einiges herangeschafft werden. ›Bei jeder Mahlzeit ging bei uns ein Schwarzbrot weg, und wenn wir mal schlachteten, war so eine Kuh auch schnell aufgegessen.‹ Diese Dinge sind ihm noch lebhaft im Gedächtnis. Schon damals gab es zwar einen Kaufmann auf Langeness, der allerdings nur zweimal jährlich Bestellungen entgegennahm. Einen freien Verkauf gab es nicht. Die Vorratskammern wurden mit haltbaren Lebensmitteln gefüllt. Das übrige konservierte man, so gut es ging. ›Wenn wir Fisch eingesalzen hatten oder geräuchert, konnte der schon ein halbes Jahr halten.‹ Weizen oder Gerste bekam man per Tausch, wenn gerade frischer Fisch gefangen worden war. ›Da haben wir uns die schönsten Schollen weggenommen und den Rest eingetauscht.‹

›Früher konnte das Vieh die ganze Hallig längslaufen.‹ Im Jahre 1960 nämlich wurde erst die gemeinsame Bewirtschaftung der Wiesen und Weiden, die sogenannte ›Allmendewirtschaft‹, aufgehoben. Bevor die Halligen befestigt wurden, wurden die Ländereien ständig neu verteilt, da das Meer die Form der Insel immer wieder veränderte. In dieser Zeit erhielt die Hallig auch ihre erste betonierte Straße, vorher gab es lediglich ausgefahrene Wagenspuren oder Fußpfade. Die zahlreichen Wassergräben wurden auf schmalen Balkenbrücken überquert.

Bis zu dieser Zeit muß die Entwicklung auf den Halligen sehr langsam vonstatten gegangen sein. Jahrhundertelang waren die Bewohner von jeglichem technischen Fortschritt abgeschnitten. Obwohl im Jahre 1954 der erste elektrische Strom nach Langeneß kam, lebten die meisten Häuser weiterhin bei Petroleumlampen und feuerten wie eh und je mit den sogenannten ›Ditten‹. Diese Heizmethode gehörte zu den Eigenarten des Halliglebens. Hierfür trocknete man flachgeklopften Kuhdung und schnitt ihn mit dem sogenannten ›Dittenpricker‹ in ofengerechte Stücke. Kohlen oder Briketts auf die Halligen zu schaffen wäre viel zu teuer gewesen. Und so warf man höchstens noch einmal Treibholz ins Feuer, ansonsten waren die Ditten alleiniger Heizstoff. Der Winter auf Langeneß dürfte ziemlich hart gewesen sein, wenn der Wind um die Häuser pfiff und die großen Häuser erwärmt werden mußten. Diese Zeit ist den Hansens aber angenehm im Gedächtnis, denn sie waren auf der Ketelswarft immer eine gut funktionierende Gemeinschaft. ›Neun Familien lebten damals auf der Warft, aber alle zusammen wie eine große Familie.‹ Jede Menge Kinder liefen da herum. ›In der Schule waren wir damals 40 Kinder und ein Lehrer, heute sind es noch 8 Kinder und 2 Lehrer.‹ Fremde sah man zu dieser Zeit nie. Die Halligbewohner galten im Volksmund als rückständig und unzivilisiert. Eine Reise von Hooge nach Husum dauerte damals drei Tage.

Halligleben nach 1962

Heute lebt man hier beinahe wie auf dem Festland. Mit elektrischem Strom, Wasser und Telefon ist inzwischen jedes Hallighaus ausgestattet. Dennoch sind die Menschen hier geprägt von der Geschichte und der noch immer unberechenbaren See. ›Das Wasser kommt, wann es will‹, sagt Marius Hansen fast ungerührt. Bis in die heutige Zeit werden die kleinen Eilande mehrmals jährlich vom Meerwasser überspült. Dann gucken oft nur noch die Häuser aus dem Wasser. Es kam schon vor, daß man die Warft acht Tage lang nicht verlassen konnte. Aber das gehört für die Halligleute zum Alltag. ›Daß uns mal was passieren könnte, da denken wir gar nicht dran. Wir haben soviel zu tun.‹ Hauptsache, man hat genug Vorrat im Haus – dann kann man es manchmal sogar richtig genießen. Wenn der Mond scheint, stehen die beiden bisweilen vor dem Haus und schauen zu, wie das Wasser steigt.

Beim 70. Geburtstag von Marius Hansen waren 30 Gäste zu Besuch, als das Wasser kam. ›Da haben wir uns gar nicht stören lassen, haben einfach weitergefeiert. Irgendwer sagte dann: Tante Martha, wo hast du nur all die Schnaps her ...‹ Das Wasser hat die beiden aber auch schon mal überrascht. Vor einigen Jahren mußte Martha Hansen ihren Nachhauseweg von einer Freundin bei Nachbarn unterbrechen, als das Wasser stieg. Dort blieb sie dann die Nacht. Am nächsten Morgen war

›Tante Martha, wo hast du nur all die Schnaps her ...‹

Zum Malen braucht
Marius Hansen keine
Vorlage. Die Ketelswarft
kennt er seit mehr als 80
Jahren. An der Hauswand
werden die Ölbilder auf-
gehängt.

›Wenn die Zeitung hier ankam, war sie alt.‹

›Ich habe nichts gelernt und mache alles.‹

das Wasser wieder abgelaufen, und sie konnte ihren Heimweg fortsetzen.

Jedoch nicht jedes ›Landunter‹ verlief in überschaubaren Bahnen. Die Geschichte der Halligen ist geprägt von großen zerstörenden Sturmfluten, in denen Menschen und Tiere umkamen und Häuser oft schwer beschädigt wurden. Die große Sturmflut von 1962 ist allen Halligbewohnern, die sie erlebt haben, noch fest im Gedächtnis. In der Nacht vom 16. auf den 17. Februar ging die bisher letzte schwere Sturmflut über Inseln, Halligen und Deiche der deutschen Nordseeküste. In Hamburg ertranken damals 312 Menschen. Auf Langeneß richtete die Flut große Zerstörungen an. Die Warften wurden meterhoch überflutet, Hauswände eingedrückt und Viehställe weggerissen. ›Das war schlimm‹, erinnert sich Frau Hansen. In den Jahren danach brach auf den Halligen das ›neue Leben‹ an. Mit günstigen Krediten vom Kreis Nordfriesland wurden damals große Sanierungsarbeiten auf den Halligen begonnen. Die Warften wurden bis zu einem Meter siebzig erhöht, und fast alle alten Häuser wurden durch neue, stabilere ersetzt. Seither ist das Leben auf den Halligen wesentlich sicherer und ungefährlicher geworden. Früher mußten die Häuser nach jeder größeren Sturmflut ausgebessert werden. Mit dem Neubau der meisten Häuser auf Langeneß verschwanden nicht nur mühsame Reparaturen an den oft schon sehr alten Häusern, es verschwanden auch andere Dinge, an die sich die Halligleute heute wehmütig erinnern. Die alten holländischen Kacheln im Pesel, deren Motive ganze Geschichten erzählen, verzierte Bileggeröfen ..., all dies kann man nur noch im Museum finden. Auch das Hansensche Haus auf der Ketelswarft wurde neu gebaut und sieht heute aus wie die meisten Hallighäuser: schlicht und schmucklos. Wie die beiden den Abbruch ihres Hauses erlebten, erfahren wir nicht. Davon aber, wie schwierig die großen Veränderungen für sie waren, erzählen sie immer wieder.

›Die letzten 30 Jahre kann ich nicht mehr verstehen‹

›Früher haben wir nie was gewußt‹, erzählen die beiden. ›Wenn die Zeitung hier ankam, war sie alt.‹ Gestört hat sie dies offenbar nicht. Das Leben auf der Hallig hat ihnen genügt. Dies zeigt auch ein Blick ins Fotoalbum. Hier findet man keine Urlaubsbilder. Die Fotos zeugen von Arbeit und Alltag. Marius Hansen in Fischerkluft oder mit den Enkelkindern im Boot. Bilder von Familienfesten, und immer wieder der Blick aufs Meer. Ein Bild zeigt Marius Hansen beim Reetdecken. Darunter steht: ›Mit 77 noch auf dem Dach.‹ Auf unsere Frage, ob das schwierig sei, antwortet er: ›Man soll es lernen.‹ Nach kurzer Pause fügt er aber hinzu: ›Ich habe nichts gelernt und mache alles.‹ Ein Foto im Album verrät, daß er sogar zu Farbe und Pinsel gegriffen hat. Aber erst auf unsere Fragen hin führt er uns in die neben dem Haus gelegene kleine Werkstatt, in der einige gerahmte Bilder stehen. Nacheinander nimmt er die Gemälde aus der Kammer und hängt sie an die äußere Hauswand. Nägel sind dafür schon eigens in die Wand gehauen. Zwei davon sind im Lauf der Zeit verrostet und halten dem Gewicht nicht mehr stand. In aller Ruhe verschwindet Herr Hansen im Inneren seiner Werkstatt, kommt Sekunden später mit Hammer und Nägeln in der Hand zurück. Das Problem ist schnell gelöst: Kurze Zeit später hängen die vier Halligmotive sicher an der Wand, die Oktobersonne schickt ihre letzten warmen Strahlen über die Warft. ›Die habe ich alle aus dem Kopf gemalt‹, erzählt er. Jede Ecke, jedes Fenster, jeden Gartenzaun hat er in seinem Gedächtnis gespeichert. ›Ich habe ja lange genug hier gelebt‹, fügt er lachend hinzu. Eines der Bilder zeigt die Ketelswarft, auch auf den übrigen Bildern sind Halligmotive zu erkennen.

Verreist sind die beiden nie. Früher war es schwierig, von der Hallig wegzukommen. Aber auch später hat es die bei-

Ein Bild aus alter Zeit.
Ein Winterabend im
Sönnichsen-Haus.

den nicht in die Ferne getrieben. Im Ausland waren sie nie. ›Da will ich auch nicht hin‹, erklärt Martha Hansen. Die kleine Halligwelt ist ihr Zuhause geblieben, die Möglichkeiten des Fortschritts haben ihnen nie etwas bedeutet. Auch in der guten Stube ›hängt‹ die Ketelswarft – vom ortsansässigen Kunstmaler auf Leinwand gebracht. Trotzdem spricht man bei Hansens drei Sprachen. Das Ehepaar unterhält sich auf Platt, mit den Kindern sprechen sie friesisch und mit den Enkeln hochdeutsch. Einen Grund dafür gibt es nicht, ›hat sich eben so ergeben‹.

Die fast vier Stunden, in denen wir uns von den Erzählungen der beiden gefangennehmen lassen, sind wie im Flug vergangen. Auch während der folgenden Stunden und Tage auf Langeness begegnet mir immer wieder das Kind Marius Hansen. Ich sehe den Knirps über die Wiesen laufen oder im Watt stehen, wo er mit seinen Geschwistern das Mittagessen für die Familie aus dem Wasser fischt.

Heute ist vieles anders geworden. ›Die letzten 30 Jahre kann ich nicht mehr verstehen‹, sagt Frau Hansen. Ihr Mann pflichtet ihr bei. ›Sie müssen noch mit unserer Tochter sprechen, die kann auch noch was erzählen.‹ Das tun wir auch.

Als wir am nächsten Morgen auf der Ketelswarft eintreffen, hat man hier keine Zeit zum Reden. Soeben sind Krabben gekommen, kistenweise stehen sie im geöffneten Kofferraum eines alten Autos vor dem Haus. Die wollen gepult werden. Hier ist eben Alltag. Hansens Schwiegersohn arbeitet beim Küstenschutz. Im Sommer vermieten die meisten Halligbewohner Fremdenzimmer. Auf der Ketelswarft kann man sich noch ein wenig vorstellen, wie es früher hier aussah. In dem kleinen Kapitän-Tadsen-Museum ist ein Stück Halliggeschichte konserviert. Von hier aus ist es nur ein Katzensprung bis zu Frau Gertsen. Sie bewohnt gleich nebenan das renovierte Sönnichsen-Haus. Dank der freundlichen Museumsleiterin können wir auch dort noch vorbeischauen.

Zu Besuch im Sönnichsen-Haus

›Hier kommen Sie in ein lebendiges Museum‹, begrüßt uns die freundliche Dame an der Tür. Hinter den Fenstern dieses einzigartigen Hallighauses ist noch Leben. Vor einigen Jahren wurde es vom Kreis Nordfriesland restauriert und seitdem von der 80jährigen Käthe Gertsen bewohnt. Bereitwillig zeigt sie uns ihre Wohnung und erzählt, wie man früher hier lebte. In der Küche sind die Schränke erhöht gebaut, so daß bei Landunter kein Wasser hineinfließen kann. Unter der Treppe befindet sich ein kleiner Abfluß, um eingeflossenes Wasser so schnell wie möglich wieder nach draußen zu befördern. Auch die Döns ist in der ursprünglichen Art erhalten. Im Hallighaus üblich waren die blaugestrichenen Holzwände und die holländischen Kacheln. Sie wurden meist von Schiffsreisen mitgebracht. Im Alkoven, dem Schrankbett, das direkt an die Döns anschließt, hat Frau Gertsen ihre persönlichen Dinge aufbewahrt. Da stehen Bücher, eine Stereoanlage und das Telefon. Ihr Schlafzimmer liegt allerdings

*Ein bewohntes Museum.
Das Sönnichsen-Haus auf
der Ketelswarft ist eines
der wenigen Hallighäuser,
die noch im ursprüng-
lichen Stil erhalten sind.*

*Das Leben im alten
Hallighaus war keines-
wegs nur gemütlich. Die
Häuser litten durch die
Sturmfluten und mußten
ständig ausgebessert
werden. Das Sönnichsen-
Haus nach der Sturmflut
von 1962.*

*Käthe Gertsen in ihrer
Wohnstube. Über die
Geschichte des Hauses
kann sie eine Menge
erzählen.*

ein Stockwerk höher. Selbst für eine kleine und zierliche Person sind die Alkoven zu klein. Früher allerdings schliefen darin meist mehrere Kinder zusammen, nicht zuletzt, um einander wärmen zu können. ›Ist das nicht schön?‹ fragt sie. Sie weiß aber aus ihrer eigenen Kindheit, daß das Leben in den alten Hallighäusern bei weitem nicht nur angenehm war. ›Früher waren die Häuser kalt, dunkel und feucht‹, erklärt sie. Man ist geneigt, dies zu vergessen, wenn in der Ecke der Nachtspeicherofen eine behagliche Wärme verstömt und man auf dem gemütlichen Biedermeiersofa Platz genommen hat. Auch hier stöbern wir in alten Fotoalben und erfahren Geschichten über die ehemalige Besitzerin des Hauses: Johanna Sönnichsen war Malerin. Die Reste ihres Lebenswerkes hängen noch in der Stube. Etliche Bilder sind jedoch verschollen. Frau Gertsen weiß, daß die kränkliche Frau viele ihrer Bilder im Krankenhaus gelassen hat, wenn sie dort behandelt wurde – als Bezahlung. Auch die Gemälde von Johanna Sönnichsen zeigen ausschließlich Halligmotive. Als hätten die Halligleute niemals Sehnsucht nach der ›großen weiten Welt‹ gehabt ...

Ein Leben im Museum

Käthe Gertsen lebt erst seit 1978 wieder auf der Hallig. Auf Gröde geboren, verließ sie 1962 ihre Heimat. Bei der großen Sturmflut war ihr Elternhaus völlig zerstört worden. ›Das habe ich nicht ausgehalten‹, sagt sie und wird traurig, als sie sich daran erinnert. Sie ging damals aufs Festland und heiratete dort. ›Daß ich wieder auf die Hallig zurückging, hat damals niemand begriffen.‹ Sie selbst scheint diesen Entschluß nicht bereut zu haben. Sie freut sich über die Schönheit des Hauses und kennt inzwischen fast seine ganze Geschichte. Aus alten Fotos, Stammbüchern und Dingen, die im Haus noch existieren, hat sie sich eine Menge Wissen angeeignet. Nicht ohne Stolz zeigt sie uns ein großes Buch

Stöbern in alten Fotos, Stammbüchern und Akten.
Sich erinnern macht auch nachdenklich ...

über das Fünfmastschiff ›Preußen‹. Lange
Jahre führte ihr Onkel, der berühmte
Kapitän Boy Petersen, das größte Segel-
schiff, das je die Weltmeere befahren hat.
Im Jahre 1903 erreichte er mit der ›Preu-
ßen‹ in 56 Tagen von Hamburg aus den
Salpeterhafen Iquique, eine Rekordzeit,
die nie wieder erreicht wurde.

Sogar die Tracht von Johanna Sönnichsen ist erhalten. Ganz säuberlich in Kisten
und Kartons verpackt. Auf den Halligen
trug man die Friesentracht. Die Kopfbe-
deckung der Mädchen bestand aus einer
seidenen Mütze, die mit einem Schleifen-
band unter dem Kinn zusammengehalten
wurde. Über dem schwarzen Kleid wurde
ein Latz getragen, an dem der Schmuck
befestigt wurde.

Der alten Friesentracht von Johanna
Sönnichsen liegen kleine Kärtchen bei, auf
denen die deutsche Übersetzung der latei-
nischen Sprüche auf den Talern steht:

›Alles wird von Anfang an beurteilt

durch die Furcht vor Gott‹ (1639).

›Fällt gerechte Urteile, wo immer ihr
urteilt auf der Erde.‹

Zu besonderen Anlässen trägt Frau
Gertsen noch heute die alte Friesentracht.
›Damit sieht man immer gut aus‹, sagt sie
und zeigt uns Fotos, auf denen sie Tracht
trägt. In den letzten Jahren fangen junge
Frauen wieder an, sich Trachten zu nähen.
›Das schlimme ist nur, daß man darin so
schwitzt. Man sollte leichtere Stoffe nehmen und die Ärmel direkt an den Latz
nähen‹, schlägt sie vor. Zuletzt führt unser
Weg in die gute Stube, den sogenannten
›Pesel‹. Dort werden wir von prachtvollen
Wandmalereien überrascht. Das Zimmer
stammt aus dem Jahre 1740. Auch hier
sind Spuren der Sturmfluten zu erkennen.
Am Türrahmen in ungefähr sechzig Zenti-
metern Höhe ist mit dem Messer eine Linie
eingeritzt worden. Daneben steht, ebenfalls in das Holz geritzt: 1825. Die Sturmflut jenes Jahres blieb bis heute die höchst-

gemessene aller bisher gewesenen. Auf
den Halligen ertranken damals 74 Menschen, fast alle Schafe, und ein Großteil der
Kühe wurden Opfer dieser Flut. Von 339
Häusern waren 79 ganz verschwunden
und 223 schwer verwüstet. Was mag den
Bewohnern des Sönnichsen-Hauses wohl
in dieser Nacht widerfahren sein?

Wieder ist es spät geworden. Die
Nacht ist bereits angebrochen. Ohne eine
Taschenlampe hätten wir Schwierigkeiten
gehabt, den Weg zurück zu finden. Wieder haben wir eine Reise in die Vergangenheit hinter uns.

Das Leben auf den Halligen ist ein
eigentümliches, ein anderes als auf dem
Festland. So war es früher, und so ist es
auch heute, obwohl Touristen und Besucher, Journalisten und Neugierige viel von
der ursprünglichen Stimmung im Hallig-
land nehmen. Zumindest im Sommer.
Ende Oktober bereits legt sich wieder die
Stille über die kleinen Inseln. Der Fährverkehr stellt auf Winterfahrplan um. Wie
man dann wirklich auf den Halligen lebt,
das wissen nur wenige.

*Prächtiger Schmuck ziert
die Friesentracht.*

*Die Malerin Johanna
Sönnichsen Anfang dieses
Jahrhunderts. Viele ihrer
Bilder sind heute
verschollen.*

*Seit zwanzig Jahren spielt
hier die Musik – der
Fresenhof in Bohmstedt.*

Knut Kiesewetter und sein Fresenhof

Hätte es an jenem Sommertag, als Knut Kiesewetter, seine Frau Regine und der damals ein Jahr alte Sohn Klas den Fresenhof das erste Mal sahen, geregnet, wäre in Schleswig-Holstein heute vielleicht einiges anders.

Damals nämlich war die Familie Kiesewetter gerade in St. Peter-Ording zu Besuch, als ein alter Freund ihnen von einem ›tollen Haus‹ vorschwärmte. Und so fuhr man an diesem herrlichen warmen Sommertag nach Bohmstedt. Verträumt und romantisch lag das ziemlich heruntergekommene Friesenhaus in der Landschaft und eroberte die Herzen der Kiesewetters.

Dieses Haus hat viel gesehen

Fresenhof, so hieß früher nicht nur das reetgedeckte friesische Langhaus, sondern die ganze Gegend. Der ursprüngliche Besitzer des Hauses dürfte also nicht ganz arm gewesen sein. Er muß nicht nur ein großes Haus, sondern auch sehr viel Land besessen haben. Aus noch früherer Zeit weiß Knut Kiesewetter zu erzählen, daß das Haus im Ort selbst gelegen war und dann Stein für Stein dorthin verpflanzt wurde, wo es heute steht. ›Wenn man früher umzog, nahm man sein Haus mit‹, erzählt er. Als der letzte Besitzer um 1860 erbenlos starb, fiel der Hof an die Gemeinde und wurde von da an verpachtet. Die Pächter konnten jedoch nicht ganz nach eigenen Vorstellungen wirtschaften. Sie hatten Auflagen zu erfüllen und mußten beispielsweise mittellose Handwerker beherbergen oder Leute versorgen, die das nicht selbst konnten. Damit änderte sich natürlich das Gesicht des Hofes. Im Dorf erzählte man sich Geschichten: Merkwürdige Dinge sollen da vonstatten gegangen sein. ›Da spukt dat‹, hieß es. Einer der Pächter soll sich in dem Haus aufgehängt haben.

Irgendwann stand das Haus leer. Und es muß eine längere Zeit leergestanden haben, denn als die Kiesewetters Besitzer wurden, war der Hof eine einzige Ruine. Eines der hinteren Zimmer war kohlrabenschwarz. Ein ›verlottertes Genie‹ soll dort gewohnt, und irgendwann muß es in dem Zimmer wohl gebrannt haben.

Lange Jahre hatte sich keiner des Hauses angenommen. Heute ist der Hof nicht mehr wiederzuerkennen. Blitzsauber liegt der U-förmig gebaute, strahlendweiß getünchte Hof heute zwischen Bäumen und Wiesen. Er erinnert noch an das ursprüngliche Gebäude, ist aber ganz nach Stil und Geschmack der Kiesewetters verändert worden.

Ein Herz für Türen

Gleich in der Diele findet man die ungewöhnliche Konstruktion einer sehr niedrigen alten Holztür, der ein Stück verziertes Holz übergebaut ist. Hier hat man nachträglich eine alte Tür eingebaut, ungeachtet dessen, daß der Türrahmen viel zu hoch war. Für den oberen Teil der Tür mußte eine alte Schranktür herhalten. Sie wurde zersägt und über der Pforte angebracht. In der großen Wohnküche hat man an der inneren Seite der Küchentür ein kleines Regalbrett installiert, auf dem Gewürztöpfchen stehen. Diese ungewöhnliche und seltene Konstruktion war auch das erste, was Knut Kiesewetter sah, als er das Haus betrat.

›Da spukt dat.‹

›Wenn man früher umzog, nahm man sein Haus mit.‹

In Bauernhäusern ist es nicht ungewöhnlich, Türen aus den verschiedensten Epochen zu integrieren. Vielfach hat man, besonders in jüngerer Zeit, alte Türen aus Abrißhäusern ausgebaut und in andere Bauernhäuser überführt. Andersherum hat man auch zu allen Zeiten neuen Türen in alte Häuser integriert, je nach Zeitgeschmack.

Die Vorliebe für schöne alte Holzportale ist auf dem Fresenhof unverkennbar. Schnitzereien und bemalte Ornamente findet man bei Kiesewetters an jeder Tür. Barock- und Rokokoelemente, kunstvoll verzierte schmiedeeiserne Türgriffe und verschiedenartigste Scharniere. Gemeinsam haben sie nur eines: Alle sind einmalig. Die meisten stammen aus Höfen der Umgebung, wo sie auf Dachböden vor sich hingammelten. In den siebziger Jahren gab es nur wenige Leute, die Sinn hatten für diese oft jahrhundertealten Kunstwerke. Und war der Preis dann doch einmal zu hoch, half meist die Antwort: ›Dafür kann ich mir ja schon fast eine neue Tür kaufen.‹ Was ohne Zweifel stimmte.

Hier spielt die Musik

Viele, viele Jahre Landwirtschaft und die wechselvolle Geschichte des Hofes, der sicher nicht nur gute Zeiten erlebt hat, sind dem großen Friesenhaus heute nicht mehr anzusehen. Ehemalige Wohn- und Wirtschaftsteile dienen gänzlich anderen Zwecken. Seit Familie Kiesewetter sich des Hauses angenommen hatte, spielt hier im wahrsten Sinne des Wortes die ›Musik‹. Daß Knut Kiesewetter, der sich zunächst als Jazzmusiker einen Namen machte, ›große Zeiten‹ hatte, glaubt man dem Haus anzusehen. Im Seitenflügel befindet sich ein Tonstudio von beachtlicher Größe. Hier wurde so manche Platte eingespielt – und nicht nur seine eigenen. Ein Saal von der Größe einer Bahnhofshalle mit allem, was man zum Feiern braucht, erzählt von rauschenden Festen und erfolgreichen Zeiten des Musikers.

Sohn Klas ist inzwischen selbst dabei, Musiker zu werden. Vater und Sohn musizieren gemeinsam und haben die erste CD schon zusammen produziert.

›Das Lied hat unser Haus bezahlt‹

Mit dem Leben auf dem Fresenhof begann für Knut Kiesewetter auch eine neue Musikära. Damals schien es, als würden Plattdeutsch und Friesisch als Sprachen aussterben. Die Kinder lernten nur noch Hochdeutsch und konnten kein Platt mehr. ›Da nahm ich mir vor, diese Entwicklung zumindest zu verlangsamen‹, erzählt Knut Kiesewetter. Und so kam es. Plötzlich waren von dem inzwischen recht bekannten Jazzmusiker Knut Kiesewetter plattdeutsche und friesische Lieder zu hören. Der friesischen Sprache selbst nicht mächtig, entstanden diese Lieder aus Tonbandaufzeichnungen in friesischer Sprache, die er von meist älteren Leuten besprechen ließ.

Das Lied ›Fresenhof‹ ist wohl eine der bekanntesten plattdeutschen Produktionen von Knut Kiesewetter. Es ist ein

*Das Lied ›Fresenhof‹
wurde eines von Knut
Kiesewetters bekanntesten
Liedern.*

regelrechtes Volkslied geworden. Noch heute, nach 20 Jahren, kann man es immer wieder im Radio hören. An der letzten Liedstrophe war er nicht allein beteiligt: Damals war gerade Vatertag, und vor dem Haus zogen die Männer vorbei und luden ihn ein mitzutrinken. Er aber bastelte an der letzten Liedstrophe herum, suchte krampfhaft nach einem Reimwort auf ›Fresenhof‹. Die Leute hockten indes vor dem Haus und tranken Bier.

Schließlich bat er sie um Hilfe, und so fing die ganze Truppe an, einen Reim zu suchen – und fand ihn schließlich. Die Mühe hat sich gelohnt. ›Mit diesem Lied habe ich das Haus bezahlt‹, erzählt er.

Fresenhof

*Wenn de Wind dör de Bööm weiht
und Gras nich mehr wassen deit*

*un geel al ward,
dann kummt bald de Tied.*

*Wenn de Storm över't Feld geiht,
wo lang schon keen Korn mehr steiht
un Mehl al ward,
denn is bald sowiet.*

*Dat de Dag kötter ward, un de Nach,
de duert lang
un de Kinner vun Nawer,
de warrn in Düüstern bang.*

*Wenn de Reg'n vun't Reitdack drüppt,
mien Söhn buten gauer löppt,
sunst ward he natt,
denn snurrt bin de Katt.*

*Wenn de Wind dreiht, vun Nord weiht
un Regen gegen de Finster neiht,
de Schieben dalrennt,
denn föhl ik mi wohl.*

Knut Kiesewetter und der Fresenhof haben inzwischen eine mehr als 20jährige Geschichte.

*Wenn dat Füür in Kamin brennt
un jeder di bi'n Vörnaam nennt,
weil he di kennt,
denn is uns Huus vull.*

*Denn de Nawers sind disse Tied
uk nich gern alleen,
un bi Teepunsch an't Füür
ward dat Wedder wedder schön.*

*Wenn de Bläder sik bruun farft
un Water steht in de Groov,
dann ward dat Harvst
op uns Fresenhof.*

Knut Kiesewetter

›Hier ist von Oktober bis Mai April‹

Während wir bei Friesengeschirr und Petroleumlampe in Kiesewetters Wohnzimmer Kaffee trinken, fällt mir oft dieses Lied ein. Als wir nach Friesland fahren, ist es tiefer Winter, in Hamburg schneit es.

Nordfriesland zeigt sich nicht gerade im schönsten Kleid. Grau liegen die Wiesen da. Um so mehr lädt uns die Gemütlichkeit des Fresenhofes ein. Wenn man aus den gut beheizten Räumen durch die unzähligen Butzenscheiben sieht, dann kann man nachvollziehen, warum das Lied vom Fresenhof so exakt das nordfriesische Lebensgefühl getroffen hat. Der Winter ist lang hier. ›Wir haben von Oktober bis Mai April‹, sagt Regine Kiesewetter, ›aber er hat auch was.‹ Und was in dem Lied besungen wird, das genau empfindet man im Hause Kiesewetter, auch wenn man das erste Mal dort und eigentlich ganz fremd ist.

Alle Türen stehen offen. ›Geht doch einfach rum‹, sagt man uns. Und bei Kiesewetters kann man das.

Friesland pur

Wenn man tatsächlich im Haus herumläuft, kann man sich nicht mehr vorstellen, daß der Hof einst kurz vor dem Zusammenbrechen war. Alles ist vollständig und von Grund auf renoviert worden, sehr viel Mühe und Arbeit steckt darin. ›Das meiste haben wir selbst gemacht, zusammen mit Handwerkern natürlich.‹ Bisweilen waren etliche Leute im Haus, die da arbeiteten. Suchte man jemand Bestimmten, war das nicht ganz einfach. Es kam durchaus vor, daß sieben Leute mit dem Namen Petersen gleichzeitig zur Stelle waren. ›Hier im Dorf heißt jeder Petersen.‹

In den niedrigen Räumen, die mit uralten Balken durchzogen und mit unzähligen antiken Möbeln bestückt sind, sieht es genauso aus, wie man sich ein Friesenhaus vorstellt. Wie groß das Anwesen ist, merken wir allerdings wirklich erst beim Herumlaufen. Das friesische Langhaus hat eine Grundfläche von 360 Quadratmetern. Insgesamt ausgebaut ist eine Fläche von 500 Quadratmetern. Von langen, schmalen Fluren gehen überall winzige Räume ab, allesamt mit viel Liebe und Geschmack eingerichtet. Wer Regine Kie-

*Bei Friesengeschirr und
Petroleumlampe –
Winterstimmung auf dem
Fresenhof.*

sewetter kennt, erkennt mit Recht ihre Handschrift in den freundlich eingerichteten Kammern. Ohne Zweifel ist sie die ›gute Fee‹ auf dem Fresenhof.

Eine prominente Ecke

Daß er Musiker werden wollte, wußte Knut Kiesewetter schon mit 13 Jahren. Damals saß er auf dem Dachboden seiner Eltern und hörte heimlich Musik von Louis Armstrong. Heimlich deshalb, weil sein Vater als Obersturmbannführer im Dritten Reich Jazzmusik niemals geduldet hätte. Die Posaune blies damals ein Mann namens Jack Teagarden. Von dem war er fasziniert. Und von da an stand fest, daß er Posaunist werden wollte. Singen wollte er ebenfalls. Und begann zu singen, und zwar gut. Mit 19 Jahren produzierte er seine erste Platte und gewann nach und nach diverse Preise. Und dies, obwohl seine Lieder schon kritisch waren, als das noch längst nicht modern war.

Knut Kiesewetter und der Fresenhof haben inzwischen eine mehr als 20jährige Geschichte gemeinsam. Jede Menge hat er produziert in diesen Jahren. Nicht nur Lieder und Texte, auch Geschichten hat er geschrieben. ›Alles Dinge, die ich erlebt habe‹, erzählt er. Immer wieder sagt man ihm, wie dies nur möglich sei. ›Ich erlebe nicht mehr als jeder andere‹, sagt er, ›viele bemerken nur nicht, wie skurril ganz alltägliche Situationen sein können.‹ Ein bißchen mehr als andere erlebt der bärtige 50er vielleicht doch . . . Vor einigen Jahren lief im Fernsehen ein Aufklärungsfilm. Am Tag darauf wurde er von einem Nachbarn angesprochen: ›Na, Knut, du hast doch Beziehungen nach'e HÖRZU. Sorg doch mal dafür, daß die nicht so 'ne Schweinefilme zeigen, solange die Kinder noch wach sind.‹

Aber nicht nur er selbst hat sich einen Namen in Norddeutschland gemacht, er hat auch vielen anderen dazu verholfen. Es ist kein Zufall, daß auch in der direkten Nachbarschaft Berühmtheiten wohnen: Fiete Kay, Hannes Wader, Volker Lechten-

brink und Detlef Petersen. ›Denen habe ich allen die Häuser besorgt, in denen sie heute leben.‹ Wader und Lechtenbrink sind sogar von ihm ›entdeckt‹ worden. Er hat die beiden über Jahre produziert. Heute hat man sich auseinandergelebt, jeder geht seiner Wege.

Knut Kiesewetter produziert weiter, auch wenn man in letzter Zeit nicht mehr soviel von ihm hört wie in früheren Jahren, jazzt und singt er nach wie vor. ›Mir fällt eigentlich immer was ein, und wenn mir die Ideen fehlen, dann nehme ich mir große Dichter vor und lese darin. Kästner, Heine, Mühsam oder Rilke.‹

Man kann also noch einiges erwarten aus dem Hause Kiesewetter.

Der Fresenhof ist mit viel Geschmack und Liebe restauriert. Der alte Ofen wird jedoch mit Strom beheizt.

*Wie ein Märchenschloß
liegt Gut Rundhof ver-
wunschen inmitten der
Landschaft Angeln.*

Gut Rundhof in Angeln

Gut Rundhof liegt im Nordosten Schleswig-Holsteins, zwischen Gelting und Süderbrarup.

Es wird von dem adligen Gutsherrn Wulf-Henning von Rumohr bewohnt und ist der Öffentlichkeit nicht zugänglich.

Wo sich Geschichte und Gegenwart begegnen

Gut Rundhof liegt malerisch inmitten von Wäldern und Wiesen. Wie ein Märchenschloß erscheint das prächtige Herrenhaus, verwunschen liegt es, von einem Burggraben umgeben, mitten in der Landschaft Angeln. Eine prächtige parkähnliche Anlage und eine Vielzahl von Wirtschaftsgebäuden umsäumen das Anwesen.

Wenn man das Haus durch die Haupteinfahrt erreicht, überquert man eine alte Zugbrücke über dem Hausgraben und steht dem imposanten, zweistöckig angelegten Hauptgebäude gegenüber. Eine prächtige Freitreppe führt in das Innere des Hauses. Zwei parallel abgewalmte Dächer waren nötig, um die enorme Tiefe des Hauses zu bedecken. Eingerahmt wird das Haupthaus von zwei Seitenflügeln, dem Kavalierhaus und dem herrschaftlichen Stall. Dort standen die Reitpferde auf geflochtenen Strohmatten. Nach einem großen Brand im Jahre 1968 wurden anstelle der historischen Wirtschaftsgebäude reine Zweckbauten errichtet, die von Büschen und Bäumen weitgehend verdeckt werden. Jenseits des Hausgrabens stehen Katen, in denen Angestellte des Gutes lebten. Heute sind sie meistenteils vermietet.

Vieles gibt es zu entdecken: Auf einer alten verwitterten Mauer sitzen majestätisch Pfauen, als hätten sie die Zeit überdauert. Fremd und unnahbar wirkt das alte Gemäuer, dessen Bewohner über viele Jahre die Geschichte Schleswig-Holsteins mit beeinflußt haben. Welcher Landesherr mag hier mit seinem Gefolge haltgemacht haben, und wie viele weitreichende Entscheidungen sind wohl hinter diesen Mauern gefällt worden sein?

An der Pforte schaut ein Langhaar-Weimaraner hinter eisernen Gittern hervor. Er bewacht das Anwesen. Ansonsten ist niemand zu sehen. Bei diesem Haus erwartet man emsiges Treiben, Köchinnen und Angestellte, die geschäftig mit Körben von Lebensmitteln umherlaufen, man erwartet Tellergeklapper und ein ständiges Kommen und Gehen. Doch hier riecht es nicht nach frisch geplättetem Leinen oder köstlich zubereitetem Wild. Es gibt nur wenig, was an die Zeit erinnert, die vom früheren Leben in den alten Herrschaftshäusern erzählen.

Heute empfängt der Gutsherr selbst. In olivgrüner Kniebundhose, langen Wollstrümpfen und einem Jägerhut steht Herr von Rumohr am oberen Ende der Treppe. Er kommt gerade von der Jagd. Bis in die heutige Zeit verwaltet er selbst die Waldgebiete, die zum Gut gehören.

Der große Eingangsbereich ist allerdings noch immer eine historische Kulisse. Riesige Truhen und Schränke, reich verziert mit Schnitzereien und Ornamenten, gibt es hier, gefertigt für Häuser, deren Größe solche mächtigen Mobilien ohne weiteres verkraften können. Sie alle stammen aus der Vergangenheit, teilweise sind sie älter als das heutige Gutshaus. Von den Wänden blicken große Tieraugen: Büffel- und Antilopenköpfe und Geweihe unzähliger

Auf Gut Rundhof gab es
alles, was zur Selbstver-
sorgung gehörte.
Das Gewächshaus wird
auch heute noch genutzt.

Der Gutsherr in spe.
Wulf-Henning von
Rumohr als Neunjähriger.

Wulf-Henning von
Rumohr (links) mit sei-
ner Familie in den 60er
Jahren.

Hirsche zeugen von einer Tradition, der auch Wulf-Henning von Rumohr mit Hingabe folgt: dem Jagen.

Die ›runde Diele‹ ist oval

Wir betreten die große Eingangshalle, das Prunkstück des Hauses. Sie ist von außen über eine große Freitreppe zu betreten. Im klassizistischen Stil hat man zu Zeiten, als die Finanzen das erlaubten, ein großes Meisterwerk geschaffen. Je länger man die Augen durch den hohen, oval geschnittenen Raum wandern läßt, desto monumentaler ist der Eindruck. Der Raum umfaßt zwei Geschosse und hat im oberen Teil eine umlaufende Galerie mit Musikantenempore. Unzählige Motive sind in dem reichen Stuck auszumachen, sogar in der Kuppel. Von der Decke hängt ein riesiger Empireleuchter, die ›Montgolfière‹. Acht Säulenpaare gliedern den Raum und lassen ihn noch kostbarer wirken. Während man hier steht und staunt, spielen sich vor dem inneren Auge herrschaftliche Szenen ab, von Frauen mit rauschenden Rokokokleidern und gepflegter Streichmusik, die von der Empore klingt. Heute liegt ein großer Flickenteppich auf dem rustikalen Holzboden, in der Mitte des Raumes steht ein imposantes Exemplar von Holztisch, dessen Marmorplatte von Frauenfiguren aus geschwärztem Gips getragen wird.

Das Eßzimmer

Direkt an die Halle schließt das Eßzimmer an, in dem Friesengeschirr und Tee für uns bereitsteht. In dem wohlig beheizten prachtvollen Raum wird bei Rumohrs gegessen. Direkt unter der Ahnengalerie stehen Zuckerdose und Honigglas. Spätestens hier merkt man, daß man nicht im Museum ist, sondern daß hier der Frühstücksalltag genauso stattfindet wie draußen auch. Die Ahnengalerie erzählt einen kleinen Teil der langen Familiengeschichte. ›Dieses Haus wurde 1754 von Christian August, meinem UrUrUrUr-

Seine Liebe gilt dem Reisen, dem Jagen und der Natur – Wulf Henning von Rumohr.

Spätestens hier merkt man, daß man nicht im Museum ist.

großvater gebaut.‹ Wulf-Henning von Rumohr blickt an die Wand gegenüber, an der Ölgemälde vieler seiner Vorfahren hängen. ›Die haben ein schöneres Leben gehabt. Die haben hier ein riesiges Herrenhaus gebaut, die hatten Personal und ein Gut, das dreieinhalbtausend Hektar groß war.‹ Die Zeiten haben sich geändert. Geblieben ist die Pflicht, die Tradition der Familie aufrechtzuerhalten.

So lebt heute ein Gutsbesitzer

Zwei Räume aus dem riesigen Anwesen werden vom Gutsherrn zum Wohnen benutzt. Ein Arbeitsraum im unteren Stockwerk und ein Wohnraum eine Etage höher. Die zahlreichen übrigen Kammern und Zimmer, die von dem breiten Flur abgehen, werden nur selten genutzt. An einer Wand hängen endlose Reihen von Porträtfotos, sorgfältig nach Generationen geordnet. 400 Jahre Rumohr auf Rundhof. Hier ist jeder Gutsherr mit seiner Frau verewigt. Ganz unten, in der letzten Reihe, findet man auch schon ein Photo von Wulf-Henning. ›Diese Galerie zu vervollständigen war nicht einfach‹, erzählt er nicht ohne Stolz.

Das ganze Haus zu heizen würde ein Vermögen kosten, und so wirkt das große Treppenhaus mit den abgetretenen Stufen in den eisigen Wintermonaten etwas ungemütlich, wenn die Kälte durch das alte Mauerwerk kriecht. Das Arbeitszimmer ist ein großer lichter Raum, in dem wertvolle Biedermeiermöbel neben dem Faxgerät stehen und wo über dem Kassettenrecorder ein riesiger Elchkopf hängt. Jede freie Stelle an der Wand ist mit Geweihen bestückt, ein Paradies für den passionierten Jäger.

Hier wird gelebt und gearbeitet, in alten Gemäuern und umgeben von Möbeln mit Geschichte.
Nicht viel anders sieht das Wohnzimmer des Gutsherrn aus. ›Eine Junggesellenbude eben‹, sagt Wulf-Henning von Rumohr. Ein eindrucksvoller alter Kamin, Bücher in Schränken und überall Antikes und weniger Antikes unter stuckverzierten Supraporten, ein gemütliches, aber großzügiges Zimmer.

›Meine Vorfahren haben nicht krumm gelegen, damit ich das verprasse‹

Das Gut hat eine 750 Jahre alte Geschichte. Über 700 Jahre lassen sich dabei die Namen der Gutsbesitzer zurückverfolgen. Seit mehr als 400 Jahren ist die Familie von Rumohr dort ansässig. Nie hat die Besitzerfamilie gewechselt, das Haus diente immer nur als Wohnung für den jeweiligen Gutsherrn. Eine Tradition, die verpflichtet. Und dies ist gerade in unseren Zeiten nicht ganz einfach.

Als Wulf-Henning von Rumohr das Gut 1968 übernahm, begann in vielen Herrenhäusern und Schlössern eine Zeit der Veränderung. ›Viele verkauften zuerst das Haus, weil das am meisten kostet.‹ Ein Zeichen dafür, daß die Kosten, ein solch aufwendiges Gebäude zu erhalten, die Möglichkeiten der Besitzer überstiegen. Das jedoch möchte Wulf-Henning von Rumohr bei seinem Haus verhindern. ›Wenn hier eines Tages ein Altersheim reinkommt, dann geh´ich‹, sagt er. Der Gutsbetrieb kann heute nicht mehr in der ursprünglichen Form aufrechterhalten werden. ›Wenn ich 500 Hektar Land habe, dann bin ich von fremden Arbeitskräften abhängig, und die kann ich nicht mehr bezahlen. Deshalb muß ich große Maschinen kaufen, die die Menschen ersetzen.‹ Große Teile des Anwesens müssen verkauft werden, um Geld für die Maschinen zu haben ... Ein Teufelskreis.

Das Leben in der Tradition der Familie ist für Wulf-Henning von Rumohr unter heutigen Bedingungen nicht leicht. Abgesehen von seiner 77jährigen Mutter, die in einer Altenteilerwohnung lebt, und seiner 20jährigen Tochter, die schon fast ausgeflogen ist, wohnt er alleine in dem riesigen Gebäude, das ihm noch vertraut ist aus den Zeiten, ›als hier Leben war‹.

Die große Eingangshalle ist das Schmuckstück des Hauses.

Die Marmorplatte dieses imposanten Holztisches wird von Frauenfiguren aus geschwärztem Gips getragen.

*Gutsbesitzer zu sein ist
heute nicht immer einfach.*

*›Ich wohne nicht im Mu-
seum, sondern in Möbeln,
die es auch im Museum
gibt‹, sagt Wulf-Henning
von Rumohr.*

Als Wulf-Henning von Rumohr 1942 geboren wurde, war das Gut noch ein autarker Betrieb. Fünfzig Familien lebten von seinem Ertrag. Alles war vorhanden: Die Bewohner waren Maurer, Gärtner, Ziegler, Stellmacher, Schmiede, Melker, Förster. Getreide, Obst und Gemüse wurden angebaut. Holzwirtschaft wurde betrieben. Tiere standen im Stall. Ziegelsteine wurden gebrannt. Reges Leben war auf dem Hof: Arbeiter und Angestellte, Familienmitglieder und Gäste.

Wulf-Henning schwärmt von dieser Zeit, an die er gerne zurückdenkt. ›Ich bin in einer schweren Zeit aufgewachsen, aber meine Kindheit war sehr glücklich. Viele Menschen lebten und arbeiteten auf dem Gut, viele Kinder waren zum Spielen da‹, erzählt er. In den 50er Jahren, nach der Bodenreform, deuteten sich bereits erste Veränderungen an. Sein Vater verpachtete die Landwirtschaft. 1968 brannten fast die gesamten Wirtschaftsgebäude nieder. Offensichtlich durch Brandstiftung, denn in zwei Gebäuden entfachte das Feuer zu gleicher Zeit. Zwei Wochen dauerte es, bis der Brand gelöscht war, fast das gesamte Vieh war tot. ›Als ich das Feuer sah, war mein erster Gedanke: Wie verkraftet Vater das? Der stand auf der Freitreppe und filmte das Spektakel ...‹, erinnert sich der Gutsherr. Im selben Jahr starb der Vater, und es war an ihm, ›das Schiff durch die Zeit zu lenken‹, zwei Jahre bevor er sein Studium der Forstwissenschaft beendet hatte. Die erste Zeit als Gutsherr war nicht einfach, denn sein Vater hatte sich all die Jahre nicht in die Karten schauen lassen. ›Er war ein sehr autoritärer, patriarchalischer, aber auch fürsorglicher Mensch. Widerreden gab es nicht.‹

›Dieses Haus ist Lust und Last zugleich‹

Gut Rundhof steckt voller Geschichte. Das Archiv des Hauses ist prall gefüllt mit Akten, die in säuberlich verschnürten Bündeln in Regalen verstaut sind. Hier ist alles überliefert, was die Generationen zu ihrer Zeit für überliefernswert hielten. Inzwischen sind die vergilbten, mit schwarzer Tinte säuberlich beschriebenen Blätter microverfilmt im Landesarchiv Schleswig einsehbar. Das war nicht immer so.

Erst vor einigen Jahren stellte Herr von Rumohr sein Archiv der Öffentlichkeit zur Einsichtnahme zur Verfügung. Nur die Unterlagen der letzten 100 Jahre sind aus Urhebergründen noch unter Verschluß. Ein Schatz von großem Wert für das Archiv. ›Als ich die Bündel aufschnürte, rieselte da teilweise der Sand heraus, mit dem sie früher die Tinte gelöscht hatten.‹ Zum Erbe gehören auch alte Möbel, Gegenstände und Geschichten, die man in der Familie ebenso weitergab wie das starke Traditionsbewußtsein.

Wulf-Henning von Rumohr hat kräftig an der Geschichte seines Adelsgeschlechtes mitgeschrieben. Er hat etliche Bücher veröffentlicht, zuletzt eine fast 700 Seiten starke Gutsgeschichte, in der alles nachzulesen ist: Berichte aus Zeiten, als es auf Rundhof noch richtig feudal zuging; als man fässerweise Rotwein aus Frankreich ankarren ließ oder als venezianische Gondelfeste auf dem Gut gefeiert wurden, obwohl längst schon kein Geld mehr in der Kasse war. Schauriges und Skurriles, Trauriges und Amüsantes, Gewöhnliches und Abstruses ereignete sich auf dem Gut. Vieles, sehr vieles sogar ist überliefert. Wochen könnte man damit zubringen, Wulf-Henning von Rumohr erzählen zu hören.

Aber schon ein Spaziergang quer durch die Anlage eröffnet den Blick in eine Welt, die den meisten verschlossen ist.

Gelebte Tradition

Prachtvolle Räume, wunderbare Möbel, eigentlich ist das Herrenhaus ein bewohntes Museum. ›Das ist gelebte Tradition. Im Museum werden Sachen zusammenge-

tragen, die keinen Bezug mehr haben zu denen, denen sie gehörten. Hier ist noch alles im Original. Alles wird gebraucht und benutzt. Ich wohne nicht im Museum, sondern in Möbeln, die es auch im Museum gibt.‹

Trotzdem ist Wulf-Henning von Rumohr ein Abenteurer geblieben. ›Ich stamme von Rittern und Seeräubern ab, wird immer gesagt.‹ Seine Liebe gilt dem Reisen, dem Jagen und der Natur. Viele Monate im Jahr ist er zu Hause nicht anzutreffen. ›Ich würde auswandern, wenn ich nicht in der Verlegenheit wäre, ein Gut zu führen. Ich bin viel herumgekommen und weiß, daß ich mich anderswo manchmal wohler fühle.‹ Ein trauriges Fazit, doch hat man bei Wulf-Henning von Rumohr nie das Gefühl, daß Rundhof nur noch Last für ihn bedeutet. Viel zu sehr ist er in der Tradition verwurzelt. Wie es in der nächsten Generation weitergehen wird, entscheidet möglicherweise sein Neffe. Vielleicht wird er es wieder etwas leichter haben, ›das Schiff durch die Zeit zu schaukeln‹.

Auf fast 700 Buchseiten
hat Wulf-Henning von
Rumohr die Geschichte
seiner Familie zusammen-
getragen.

Die letzten Häuser hin-
term Deich ...

Auch die Schafe haben
hier ein dickes Fell ...

Der letzte Krabbenfischer von Uelvesbüll

Uelvesbüll ist eines der winzigen Dörfer auf der Halbinsel Eiderstedt; vom südlich gelegenen Husum aus sind es ca. 15 km. Der Porrendeich liegt 2 km vom Dorfkern entfernt.

Die letzten Häuser vor dem Meer

Folgt man, von Husum kommend, dem kleinen gelben Schild ›Porrendeich‹, biegt man in ein kleines Paradies ein. Ein schmaler gepflasterter Weg schlängelt sich an alten Katen und Haubargen längs. Wiesen, auf denen Kühe und Schafe weiden, im Hintergrund nichts als Deich. Knorrige Bäume, vom Wind gebogen, inmitten von Narzissen und Tulpen. An den Fenstern stehen Blumen, die Gärten sind wild gewachsen und doch gepflegt. Idyllisch ist es hier, ruhig und verlassen. Ganz selten nur verirrt sich ein Auto hierher. Ab und zu knattert ein Traktor vorbei. Ansonsten passiert hier nicht viel. Hinter den Deichen ist sowieso Schluß. Da sieht man nur noch Vögel, die im Watt zu Hause sind, und ab und zu ein Schaf, das sich verirrt hat. Bei Ebbe wirkt das Watt mit seinen zahllosen Prielen fast gespenstisch. Kein Mensch ist zu sehen, nur die Vögel durchbrechen die Stille, wenn nicht der Wind so kräftig fegt, daß selbst die Vogelstimmen sich verflüchtigen.

Eine bewegte Geschichte

Die Halbinsel Eiderstedt hat wie alle der Nordsee so nahe gelegenen Gebiete eine wechselvolle Geschichte. Sturmfluten gehören von jeher zum Alltag der Bewohner. Die Nähe zum Meer hat den Eiderstedtern aber auch zu großen Zeiten verholfen. So klein das Dorf Uelvesbüll auch ist, es verfügt über eine Dorfchronik, die sich so spannend liest, daß man das Buch nicht mehr aus der Hand legen mag. Da handelt es sich um Verordnungen und Querelen, von Familien, die zu großem Reichtum kamen, von Lehrern und Pastoren und von der Arbeit, die die Menschen ernährte: Landwirtschaft, Viehzucht und Fischerei. Viele Jahrhunderte lang ging das Leben hier seinen gewohnten Gang. Die Bauern lebten weitgehend autark. Sie hatten ihr Land und ihr Vieh, das sie ernährte, und waren nicht auf Arbeitsplätze außerhalb angewiesen.

Heute ist das anders. Die Zeiten, in denen die Fischer ins Watt zogen und Netze voller Krabben nach Hause schleppten, sind vorbei. Es gibt kaum noch Krabben in der Nordsee. Auch für die großen Fischkutter, die aufs Meer hinausfahren, hat die Ausbeute nachgelassen. So haben viele Fischer Not, ihr Auskommen zu finden. Und das hat die Situation in den letzten Jahren grundlegend verändert. Die jungen Leute wandern ab, nach Husum oder Hamburg. Langsam sterben die Ortschaften aus.

›Mir ist es zu einsam‹

›Hier wohnt kaum mehr jemand richtig‹, sagt eine Bewohnerin vom Porrendeich. Sie selbst ist auch entschlossen, noch in diesem Jahr ihr Haus mit dem traumhaft hübschen Garten zu verlassen. ›Mir ist es zu einsam hier‹, sagt sie. Kein Wunder, immer mehr der zauberhaften kleinen Reetdachkaten am Deich wurden in den letzten Jahren verkauft. Die Käufer sind meist Hamburger, die die Häuser am Wochenende oder im Sommer bewohnen.

Viele der alten Fischer-
katen gehören heute
Hamburgern.

Idyllisch ist es hier – trotzdem will kaum jemand
bleiben.

Von Hamburg ist es nicht viel mehr als eine Autostunde, bis man hier auf eine Ruhe trifft, die ihresgleichen sucht. Im Sommer, wenn die Wiesen satt grün sind, ist die Gegend ein Traum. Im Winter möchte hier kaum einer bleiben. Viele Häuser stehen monatelang leer.

Keine Hoffnung auf Arbeit

Für die wenigen, die hier ständig leben, ist es nicht einfach, ihren Lebensunterhalt zu verdienen. Ohne Auto ist man hilflos, das nächste Lebensmittelgeschäft liegt fast acht Kilometer entfernt. Wer keine eigene Landwirtschaft betreibt, hat kaum Chancen, Arbeit zu finden. Ab und zu gibt es beim Küstenschutz etwas zu tun, aber selten.

Die Hausnummer 10 am Porrendeich ist ein altes Hofgebäude. Vor dem Haus steht ein grünes Fahrrad und eine Schubkarre. Gummistiefel lehnen vor der Tür. Am Küchentisch sitzt Jogi. Seine Mutter setzt gerade Teewasser auf. ›Kaffee trinken wir nie‹, sagt sie. Ein großes Fenster zeigt zur Straße, dahinter liegen die Wiesen, auf denen sich Schafe und Kühe gemeinsam tummeln. Die Küche ist spärlich eingerichtet und zeigt Spuren einer arbeitsreichen Geschichte. Die Tür nach draußen steht im Sommer meist offen. In einem Pappkarton in der Diele liegen sechs junge Katzen. Sie haben gerade die Augen geöffnet und ziehen sich neugierig an der Kartonwand hoch. ›Bestellt‹, sagt Jogis Mutter, ›von Hamburgern.‹ Jogi raucht die Selbstgedrehten. Reden tut er

nicht viel, aber er zeigt ein Buch mit großformatigen Farbfotos, die ihn beim Krabbenfischen zeigen. Bis vor einigen Jahren lohnte es sich noch, mit Netzen, einem unendlich rostigen Fahrrad und Gummistiefeln ins Watt zu gehen, um Krabben zu fischen. Bis zu 150 Pfund Krabben hatte er bisweilen im Netz. Diese Zeiten sind vorbei. ›Manchmal nur eine Handvoll‹ zieht man aus dem Meer. Dafür lohnt sich der Aufwand nicht. Ohne wasserfeste Kleidung zog Jogi die Netze durch das Wasser. Und das nicht nur im Sommer oder für ein paar Minuten. Bei neun Grad Wassertemperatur watete er oft stundenlang durch das Watt, bis zur Brust im Wasser. Im Fischerhemd und der Latzhose.

Woran es liegt, daß es heute keine Krabben mehr gibt? ›Überfischt‹, antwortet die Mutter schlicht. ›Heute gibt es hier nichts mehr zu tun‹, sagt Jogi.

Aber für ihn gibt es kein Weggehen. Seine Mutter ist krank, und sie kann sich nicht mehr alleine versorgen. Aber Jogi weiß sich zu helfen. Heute kauft er frische Lachsforellen aus Dänemark und verwandelt sie in wahre Köstlichkeiten.

Räuchern will gelernt sein

Vor dem Haus steht ein silbergraues Gebilde. Jogis Räucherofen. Selbst konstruiert und selbst gebaut. Einem alten Feuerbadeofen hat er zwei Türen angeschweißt. ›Früher hatte ich nur eine Tonne‹, erzählt er. Mehrmals in der Woche wird der Ofen in Betrieb gesetzt. Die frischen Lachsforellen werden ausgenommen und an feinen Haken vorsichtig in den Ofen gehängt. ›Die flitzten gestern abend noch durchs Wasser‹, erzählt er. Jogi feuert mit Holz ein. Der Ofen muß ungefähr eine Temperatur von 70 Grad haben, ›sonst wird das nix‹. Die Fische können herunterfallen, oder das Fleisch wird zu trocken. Räuchern ist nicht einfach. Jogi hat vier oder fünf Jahre lang herumprobiert. ›Gezeigt hat mir das auch keiner‹, sagt er. Erst neuerdings hält er ein kleines

Thermometer in den Ofen, um die Temperatur zu prüfen. Früher hat er mit der
Hand gefühlt, ob die Hitze stimmt. Nach
anderthalb Stunden sind sie gar. Die Tür
wird geöffnet, der Rauch quillt aus dem
Ofen. ›Daß sie fertig sind, erkennt man
daran, daß das Eiweiß aus den Fischen
heraustropft‹, erklärt er. Keiner der Fische
ist   heruntergefallen. Er ist zufrieden. Im
Sommer spricht sich unter den Touristen
schnell herum, wer die besten Räucherfische hat. Das zartrosa Fleisch der ofen-
frischen Forellen zergeht auf der Zunge.
Eine Delikatesse.

Leben auf dem Porrendeich

Jogi wurde 1944 geboren, ›in diesem
Haus‹, erzählt er. Es war das Elternhaus
des Vaters. Die Mutter kommt aus dem
Ort Uelvesbüll, zu dem der Ortsteil Porrendeich gehört. Sie hat die Gegend nie
verlassen. An den langen Winter hat man
sich gewöhnt, wenn man hier lebt. Mit der
Versorgung wird es aber immer schwieriger. Früher gab es hier auf dem Deich noch
einen Bäcker und einen Kaufmann. Das ist
aber schon 20 Jahre her. Wenn die Gas-
flasche, die den Herd mit Energie versorgt,
leer ist, muß es mittags schon mal kalte
Küche geben. Damit hat Jogi die wenig-
sten Probleme. ›Wenn ich was brauche,
kriege ich das auch, und wenn ich irgendwo hinwill, dann komme ich da auch hin‹,
sagt er. Ohne Auto, wohlgemerkt. Noch
gibt es immer jemanden, der gerade fährt
und einen mitnimmt oder etwas mitbrin-
gen kann. Bis Husum würde er aber auch
radeln, wenn er wollte. ›Was soll ich da?‹
meint er.

Einige Jahre war er in Lübeck beim
Bundesgrenzschutz, ›dann Krabbenfi-
scher‹. Um mit dem Kutter rauszufahren,
dafür ist er zu alt. Viele Jahre war das sein
Beruf. ›Die wollen junge Leute‹, sagt er.
Und Jogi ist eben schon um die Fünfzig.

Arbeit gibt es nicht. Der Umgangston
ist rauh. Während der Tee zieht, erinnert
sich die Mutter an alte Zeiten, in denen

das Wasser im Winter bis vors Haus lief.
›Da war es hier fast wie auf einer Insel‹,
sagt sie.

Vom Krabbenfischer zum Fernsehstar

Eine Handvoll Krabben, ein paar Kartoffeln im Garten, ein paar Räucherfische im
Ofen, eine kranke Mutter zu Hause, keine
Chance, Arbeit zu finden. Das ist die eine
Seite von Jogis Leben. Die andere Seite ist,
daß er aus dieser Gegend nicht wegzu-
denken ist, daß er auch nicht wegmöchte
und daß das Leben trotzdem weitergeht.

Die Medien haben längst erkannt,
daß hier noch ein ›Original‹ lebt. Ein ech-
ter Krabbenfischer, wie man hierzulande
sicher nur noch ein paar wenige findet.
Und einen Solchen brauchte man für eine
13teilige ZDF-Serie mit dem Titel: Der
Krabbenfischer. ›Eines Tages riefen die
hier an‹, erzählt er. 500 Leute bewarben
sich in Tönning für die Rolle des Krabben-
fischers. Einer sagte: ›Ich warte vor der
Tür‹. Der eine wurde es: Jogi. Einmal in
der Woche wird nun in Tönning gedreht.
Am Vorabend läutet das Telefon, und
am Tag darauf wird er abgeholt. Eine
Sprechrolle kann man sich bei dem wort-
kargen Friesen nur schwer vorstellen. ›Ab
und zu mal einen Satz, wenn ich will‹, sagt
er. Ansonsten: kein Schminken, kein Um-
ziehen, nicht mit ihm. ›Die rennen da ständig mit dem Pinsel rum.‹ Aber er ist zufrieden. ›Nette Leute.‹ Und vor allem: Die
Mark stimmt. ›Nach jedem Drehtag halte
ich die Hand auf‹, erzählt er.

Ende gut, alles gut?

So scheint es, als wende sich alles zum
Guten. Zumindest für kurze Zeit. Schon
vor Jahren war er in etlichen Zeitungen
abgebildet, ›der letzte Krabbenfischer
vom Porrendeich‹. Damals gab es noch
einige, die das Krabbennetz durchs Watt
zogen. Heute hat auch er keine Lust mehr
– und keine Zeit. ›Film und Fernsehen‹,
sagt er und grinst.

›Wenn ich was brauche,
kriege ich das auch, und
wenn ich irgendwo hin-
will, dann komme ich
da auch hin.‹

›Die wollen junge
Leute.‹

*Räuchern will gelernt
sein.*

Der Rosenhof in Tetenbüll

Die Halbinsel Eiderstedt ist eine flache, von Deichen und Sielen geprägte Landschaft, in der ursprünglich ausschließlich von der Landwirtschaft gelebt wurde. Hier liegen die größten Bauernhäuser der Welt, die Haubarge. Sie sind zugleich Wahrzeichen Eiderstedts. 72 gibt es noch davon. Als Kulturdenkmale stehen 31 unter Denkmalschutz, 11 davon betreiben heute noch Landwirtschaft. Der an der Straße von Witzwort nach Simonsberg gelegene ›Rote Haubarg‹ ist einer der größten. Dort wird ein Museum und eine Gaststätte unterhalten.

Auf dem Weg nach Eiderstedt

Wenn man, aus Süden kommend, hinter dem Städtchen Heide weiter in Richtung Tönning fährt, wird die Landschaft plötzlich weiter, die Straßen schmaler, die Häuser vereinzelter und vor allen Dingen größer. Man ist in Eiderstedt angelangt, hier riecht es nach Salz und Meer, der Wind bläst stärker. Zwischen Wiesen und Kornfeldern erheben sich die Warften aus dem flachen Land. Von Bäumen umgeben liegen darauf die mächtigen Haubarge. Wie Pyramiden. Ein riesiges Reetdach über niedrigen Wänden. Imposant, prächtig und beeindruckend zeugen sie vom einstigen Reichtum der Bauern dieser Gegend. Mehr als 370 Haubarge verzeichnete Eiderstedt im 19. Jahrhundert, der Blütezeit des Haubargs, heute mögen es kaum mehr als 50 sein.

Der Aufschwung der Landwirtschaft im 16. und 17. Jahrhundert machte größere Wirtschaftsräume erforderlich. Das nordfriesische Langhaus, das bis dahin in Eiderstedt zu finden war, wurde plötzlich zu klein für die Bauern, die riesige Mengen von Heu und Getreide einfuhren. Ein neuer Haustyp mußte gefunden werden. Dankbar griff man damals die Ideen der Holländer auf, die ihre Bauernhäuser lange schon in einer ähnlichen Weise konstruierten.

1650 ließ der Herzog die ›neuen Häuser‹ prüfen. Die Kommission berichtete folgendes: ›Es sei das Richtigste, Haubarge anzulegen, dagegen keine Langhäuser, nämlich des Sturmes halber und weil dass Holzgerüst darin am besten vor Fäulnis geschützt sei. Ein Haubarg müsse angelegt werden inmitten von 140-150 Demat Land ...‹ (Chronik Uelvesbüll, S. 178).

Unser Weg führt noch etwas weiter ins Land, nach Tetenbüll. Heddies und Inke Andresen leben dort im Haubarg Rosenhof, einem der noch verbliebenen Zeugnisse dieser Zeit. Ihr Elternhaus wurde vor wenigen Jahren restauriert und ist heute ein Bau- und Kulturdenkmal der Landschaft.

›Alle hunnert Johr mutt en Haubarg nie Muren hebben‹

›Das ist ein landläufiger Schnack,‹ erzählt uns Herr Andresen. Was den Rosenhof betrifft, scheint daran eine Menge Wahrheit zu sein.

Als der Rosenhof jedenfalls im Jahre 1895 in den Besitz der Familie kam, wurde er erst mal auf Vordermann gebracht. Der Urgroßvater von Frau Andresen hatte den Hof damals von zwei Hamburger Geschäftsleuten namens ›Rosen‹ gekauft, und ›dann haben die sich so richtig was gegönnt‹, erzählt Herr Andresen. ›Einen Giebel mit Ziergebinde und Schiefereindeckung, neue Fenster und eine hübsche

Roter Haubarg
Restaurant, Café,
Museum
Adolfskoog
25889 Witzwort
Tel.: 04864-845
geöffnet täglich
von 11.30-22.00 Uhr

›Dann haben die sich so richtig was gegönnt: Einen Giebel mit Ziergebinde und Schiefereindeckung, neue Fenster und eine hübsche viktorianische Veranda vor dem Eingang.‹

Stöbern in alten Photographien. Friedrich Heddies und Inke Andresen.

Der Haubarg Rosenhof vor hundert Jahren. Das Bild hängt heute in der Diele des Hauses.

viktorianische Veranda vor dem Eingang.‹ Heute hängt in der Diele ein Foto, auf dem die Familie mit großem Besitzerstolz vor dem Haus posiert.

Knapp hundert Jahre später hat man dem Rosenhof tatsächlich wieder ›neue Mauern‹ gegeben. Es ist noch gar nicht lange her, daß Handwerker hier anderthalb Jahre lang Mauer für Mauer restaurierten. Damals lebte Frau Andresens Mutter noch hier, der Vater war kurz vorher gestorben. Die Sanierung des Hauses war von ihr selbst vorangetrieben worden, als sie sah, wie der schöne Hof immer mehr verfiel. Sie war es, die mit dem Denkmalamt verhandelte, und sie war es auch, die während der Bauarbeiten die gute Seele des Hauses blieb. ›Sie war hier inmitten von Handwerkern, zwischen abgerissenen Wänden und halb abgedecktem Dach, aber putzmunter. Sie zog von einem Zimmer zum anderen, brachte den Handwerkern Kaffee und machte praktisch die Bauleitung,‹ erzählt Herr Andresen. ›Das war allerliebst.‹

Spuren der Vergangenheit

Von der ehemaligen Pracht des Hauses zeugt gleich beim Eintritt die schön verzierte Haustür. In buntes Glas eingefaßt steht hier ›Rosenhof‹. Die Jugendstilveranda konnte leider nicht wieder aufgebaut werden, sie war schon zu verfallen. ›Die hätte ich gerne wiedergehabt, auch wenn sie nicht gerade typisch ist.‹ Über der Tür erhebt sich ein Giebel aus dem Dach. Ebenso schön wie zweckmäßig findet man diese an fast jedem Haubarg. Mit Fenstern oder Luken versehen, verbergen sich dahinter Stuben, oder die Giebel enthalten schlicht Ladeluken für den Wirtschaftsbereich. Im Brandfalle verhinderten die Giebel, daß brennendes Reet herunterrutschte und den Ausweg blockierte. Wie ein Damoklesschwert hängt die Feuergefahr über den gewaltigen Dächern – bis in die heutige Zeit. Steht ein Haubarg erst einmal in Flammen, ist er verloren.

Auch heute noch verringert Feuer jährlich die Zahl der wenigen noch erhaltenen Haubarge. Horrende Summen müssen Besitzer von Reetdachhäusern für die Feuerversicherung aufbringen.

Die Diele

Wie der Name Haubarg (Heu bergen) schon sagt, waren unter dem großen Dach Menschen und Tiere zusammen untergebracht. Die Diele führte quer durch das Haus und trennte Wohn- und Wirtschaftsteil. Hier wurde wenig verändert. Zwar haben die Andresens zwei Badezimmer in den Wirtschaftsteil hineingebaut, ansonsten findet man hier fast alles im ursprünglichen Zustand. Man hat auch keine Mühen gescheut, die Veränderungen, mit denen man das Haus an die heutigen Verhältnisse anpaßte, so unauffällig wie möglich zu gestalten. Für zwei später hinzugefügte Türen haben die Andresens alles im alten Stil nachbauen lassen. Die fehlenden Fußbodenplatten wurden sogar extra aus Sylt angekarrt, wo man sie in einem alten Abrißhaus noch finden konnte.

Von der ursprünglichen Bemalung der Diele kann man leider nur noch Teile sehen. ›Die Farbe blätterte so stark ab, daß da nichts mehr zu machen war.‹ Heute stehen hier stattliche alte Möbel, Bilder und Stiche erzählen aus vergangenen Zeiten, und ein altes schwarzes Telefon hängt an der Wand. ›Das funktioniert sogar noch‹, erzählt Frau Andresen. Man staunt an jeder Ecke über die Selbstverständlichkeit, mit der Altes erhalten und auf neue Weise verwandt wird. Im ehemaligen Alkoven wird heute Putzzeug aufbewahrt. ›Hier schlief früher unser junger Mann‹, erzählt Frau Andresen. ›Im Sommer war es hier schön kühl und im Winter direkt neben dem Vieh schön warm.‹

Die Küche

Am Ende der Diele liegt die ehemalige Küche, die Speisekammer und der Kamin, in dem vor vielen Jahren das Feuer brannte, von dessen Wärme der ganze Hof zehrte. Dies hat aber auch Frau Andresen nicht mehr erlebt. Sehr genau erinnert sie sich jedoch an die Zeiten, als alle zusammen in der Küche aßen. Heute liegt eine moderne Küche nebenan, dort, wo man den Blick ins Grüne hat. Die ehemalige Küche grenzt an die Wirtschaftstür und ist durch die zweigeteilte Klöntür davon getrennt. Frau Andresen lehnt sich auf den unteren Teil der Tür: ›Hier stand man immer so‹, erzählt sie und lacht.

Ein schmale Steinstiege führt in den Keller, den kühlsten Raum des Hauses. Hier stand die Milch, und hier wurde das Eingemachte gelagert. Heute gibt es hier nicht mehr viel. Was im Garten wächst, wird eingefroren.

Ulmen vor dem Haus

Von der Wirtschaftsküche hat man direkten Zugang in den Garten, wo im Sommer Gemüse wächst. Ein eisiger Wind fegt ums Haus. ›Früher standen hier Ulmen, teilweise waren die anderthalb Meter dick und höher als das Haus‹, erzählt sie. Bis

Von Grund auf wurde der Haubarg saniert.

Eine gute Vorratshaltung war für die Bauern früher lebenswichtig. Heute ist der Weg in die Stadt mit dem Auto ein Katzensprung.

ist das Gebäude den Böen ausgesetzt. Die neu gepflanzten Bäume sind noch zu klein, um Schutz vor dem Wind zu bieten.

Die Wohnstuben

Ein besonderes Schmuckstück des Hauses ist die vordere Wohnstube mit einer ungewöhnlich reich bemalten Holzdecke aus dem Jahre 1895. Alte Möbel harmonieren hier mit modernen. Aus welchem der vielen Fenster man auch schaut, überall blickt man in die Weite des Landes. Wie lichtdurchflutet und hell die großen Räume sind, kann man nicht ermessen, wenn man vor dem Haus steht und die niedrigen Wände sieht. Innen reiht sich ein Sprossenfenster an das andere, von allen Seiten dringt das Wetter in die warme, gemütliche Stube.

Tür an Tür mit dem Vieh

Die imposante Konstruktion des Hauses kann man erst im Wirtschaftsteil richtig erkennen. Das Reetdach liegt wie ein riesiger Teppich auf einem gewaltigen Holzgerüst. Nur vier sogenannte Ständer halten das ganze Dach fest. Auf den 60 mal 60 cm starken Balken liegt das gesamte Gewicht des Daches. Die Seitenwände tragen nur sich selbst. Wenn Sturmfluten den Hof ereilten und alles fortrissen, so blieb in jedem Fall das Dach stehen. Mächtige Findlinge bieten den Ständern, denen all die Jahre nur wenig anhaben konnten, stabilen Grund. Sie mußten nur an wenigen Stellen ausgebessert werden.

Während draußen der Wind pfeift, rührt sich im Haubarg nichts. ›Selbst bei Sturm fühlt man sich wohl‹, sagt Herr Andresen. Hier lagerte früher die ganze Ernte. Aber nicht nur die, der Wirtschaftsteil bot auch dem Vieh Unterstand. Darüber hinaus hatte man genug Platz zum Dreschen.

Die Kuh- und Pferdeställe liegen ein wenig verlassen, heute leben nur noch die beiden Katzen Murphy und Elisa dort.

vor ein paar Jahren lag der Rosenhof, wie die meisten der einzeln gelegenen Höfe in Eiderstedt, von Bäumen umringt. Der Ulmensplißkäfer befiel fast zweihundert Bäume um den Rosenhof, die daraufhin alle gefällt werden mußten. ›Das hat echt weh getan‹, erzählen die beiden. Den praktischen Wert, den der dichte Baumbestand um das Haus herum hatte, vermißt man an jenem Tag besonders. Gnadenlos

Auch das Heu und Stroh, das früher bis
unters Dach gestapelt wurde, fehlt. Frau
Andresen erinnert sich aber noch genau
daran, wie sie als Kind im Heu spielte.
Ganz oben unterm Dach sieht man ein
kleines Fenster. ›Bis dorthin sind wir
früher durchs Heu geklettert und haben
rausgeschaut.‹ Heute erinnert noch altes
Gerät an die Vergangenheit. Für die Landwirtschaft ist ein Haubarg heute nicht
mehr geeignet. ›Wenn wir Landwirtschaft
betreiben wollten, müßten wir ein Gebäude anbauen.‹ Früher reichten ein paar
Tiere, um eine Familie zu ernähren.

*›Ein Haubarg ist heute eigentlich nicht mehr
zeitgemäß‹*

In den Eiderstedter Nachrichten vom
20. 11. 1981 findet man einen Bericht über
den Haubarg Rosenhof. Damals lebten die

*Zweihundert Ulmen
schützten den Haubarg
vor Wind und Wetter.
Sie waren vom Ulmen-
splintkäfer befallen und
mußten alle gefällt
werden.*

*Die wunderschön
bemalte Holzdecke im
Rosenhof stammt aus dem
Jahre 1895.*

*Das riesige Reetdach
wird von nur vier
Holzständern getragen.*

*Fast schwindelerregend
ist der Blick in das ge-
waltige Dach. Der Wirt-
schaftsteil des Haubargs
bot nicht nur Platz
zum Lagern, er wurde
auch zum Dreschen von
Getreide genutzt.*

*Der Rosenhof vor der
Renovierung. Nur mit
großem Aufwand konnte
das wunderschöne Ge-
bäude erhalten werden.*

*Im Stall leben heute nur
noch die beiden Katzen
Murphey und Elisa.*

Eltern von Inke Andresen, Luise und Klaus Berens dort ein Leben fernab technischer Errungenschaften. Hühner gackerten auf dem Hofplatz, Rinder und Schafe weideten draußen. Im Garten hinter dem Haus baute man Gemüse, Kartoffeln und Obst an. Vorräte wurden im Keller eingelagert, der Weg zum nächsten Kaufmann war weit. Ein Auto haben die beiden nie besessen. Mühsam würde man das heute vielleicht nennen, doch sehen die beiden auf dem abgedruckten Foto sehr vergnügt und zufrieden aus.

Das Ehepaar Berens wohnte aber schon auf dem Rosenhof, als an Luxus gar nicht zu denken war. Bis in die 6oer Jahre hinein lebte man bei Petroleum oder Gaslampe und ohne fließendes Wasser. Von Heizung ganz zu schweigen. Die Wasserversorgung war in der Marsch ein besonderes Problem. Auf dem Rosenhof behalf man sich mit einem riesigen Blechdach, das die ganze Nordseite des Hauses bedeckte und dafür sorgte, daß Regenwasser ablaufen und aufgefangen werden konnte. Die Dachkonstruktion litt allerdings sehr darunter, da sich unter dem Blech Feuchtigkeit sammelte und das Holz verrotten ließ. Bei der Sanierung mußte an dieser ganzen Seite das Dach erneuert werden.

Bestaunt man die prachtvolle Deckenbemalung, die kostbaren Möbel oder das wertvolle Geschirr, ist man leicht verführt, nur die angenehme Seite des Bauernlebens zu sehen. Heute sind die Räume hell, gut isoliert und überall beheizt. Aber sogar die reichen Eiderstedter Bauern beheizten ihre Haubarge bis ins 19. Jahrhundert hinein lediglich mit einem Bileggerofen. Dazu kamen schlecht isolierte Wände und Fußböden. Die Bauernhäuser waren kalt und dunkel, aber voller Leben. Hilfskräfte, Kinder, Tiere, Alte und Junge halfen dabei, den Alltag zu bewältigen und die Versorgung für alle zu sichern.

Heute stehen zwei Autos vor dem Haus. Der Rosenhof ist denkmalgerecht, liebevoll und aufwendig restauriert.

Die Erzählungen aus dem Rosenhof vor der Restaurierung sind Geschichte, kein Huhn gackert mehr auf dem Hof.

›Mein Vater hat sich nie für die Geschichte des Hauses interessiert‹, erzählt Inke Andresen. Das war vielleicht auch nicht nötig damals, als es lange dauerte, bis sich etwas veränderte. Später dann, als der Rosenhof mehr und mehr verfiel, war es Frau Berens selbst, die sich für die Sanierung stark machte. Auch ihre Tochter und der Schwiegersohn wollten den Hof nicht aufgeben. So beschlossen sie, ihr Haus in Husum zu verkaufen, und zogen in ihr Elternhaus zurück. Der Rosenhof sollte nicht in fremde Hände geraten.

Daß der Rosenhof ›neue Mauern‹ erhält, dafür haben die beiden gesorgt. Und sie haben erreicht, daß heute einer der wenigen noch existierenden Haubarge in Eiderstedt erhalten geblieben ist. Er erzählt von einer Vergangenheit, die vor wenigen Jahren noch Gegenwart war, und ist für die nächsten hundert Jahre gerüstet. Wie die Geschichte weiterverlaufen wird, bestimmen die, die dem Hof das Leben verleihen.

Der Bauernhof der Familie Nehls in Lankau

Das Dorf Lankau hat 115 Einwohner und liegt nordwestlich von Mölln. Die Landschaft ist geprägt von kleinen Seen und Wäldern. Mitten im Dorf liegt der heute biologisch bewirtschaftete Hof der Familie Nehls. Auf dem Hof befindet sich ein kleiner Bioladen, auf dem die Hofprodukte verkauft werden.

Bei Familie Nehls in der Küche zu sitzen heißt, das Rad der Geschichte zurückzudrehen und einzutauchen in eine Welt, die früher auf dem Lande Alltag war.

Walter und Marieliese Nehls, beide 1927 geboren, leben seit 36 Jahren gemeinsam in dem großen Niedersachsenhaus im Zentrum des Dorfes Lankau. Schon die Autofahrt durch diese entlegene Ecke entführt in eine andere Zeit. Hier sieht man am Wegesrand bunte Sommerblumen der unterschiedlichsten Sorte stehen. Kornblumen, leuchtend roter Klatschmohn, Vergißmeinnicht und Schafgarben säumen die ohnehin schmalen Straßen. Wiesen wechseln sich mit Feldern und Waldstücken ab. Knicks säumen die Felder und trennen die Grundstücke. Holprige Straßen führen durch die winzigen Dörfer, Bauernhäuser aus rotem Backstein stehen bescheiden hinter Baumgruppen und wirken fast ein wenig verlassen. In Lankau, nur 70 km von Hamburg entfernt, steht in der Dorfmitte noch eine Linde. Selten einmal fährt ein Auto durchs Dorf. Höchstens tausend Autos täglich muß das Dorf verkraften, erzählt Herr Nehls. Er hat sie spaßeshalber einmal gezählt. Früher waren es ungefähr 400. Ein ruhiges Fleckchen Erde also. Und daran hat auch die Maueröffnung nur wenig verändern können. 111 Einwohner zählte das Dorf vor dem Zweiten Weltkrieg. Diese Zahl hat sich nicht verändert, auch wenn einige Neubauten hinzugekommen sind. Dafür haben sich die Bewohner pro Bauernhaus verringert.

›Ein Reetdach ist heute eigentlich Luxus‹

Als das große Hauptgebäude 1825 fertiggestellt wurde, war es mit Reet bedeckt wie alle Häuser der Gegend. ›Heute kann man sich das nicht mehr leisten‹, erzählt Walter Nehls. Im Brandfall erhält der Reetdachhausbesitzer nur ein Drittel der Versicherungssumme, die er für ein Haus mit Eternitdach bekäme. Grund dafür ist natürlich die erhöhte Feuergefahr. So wie hier zeigt der Hof an vielen anderen Stellen die Zeichen der Zeit. Etliche Male wurde hier umgebaut und umgenutzt: Der heutige Schweinestall war einst das Altenteilerhaus. Verkohlte Balken und die Überreste eines ehemals offenen Herdfeuers erzählen, daß dies einst ein Rauchhaus war. Die Vorstellung, in der rauchgeschwängerten Diele unter Schinken und Würsten zu kochen, ist Frau Nehls heute fremd. ›Das muß ein seltsames Leben gewesen sein‹, meint sie.

Leben auf dem Hof

Früher lebten mindestens 10 Menschen auf einem Hof. ›Einen Tischvoll nannte man das.‹ Jeder Hof hatte normalerweise zwei junge Leute, die mit am Tisch saßen. Sie schliefen an der Diele in winzigen Kammern. Da stand ein Bett, ein Stuhl, ein Tisch und ein Schrank drin. Vor dem Krieg wurde sogar noch auf Strohsäcken ge-

Verkohlte Balken und die Überreste eines ehemals offenen Herdfeuers erzählen, daß dies einst ein Rauchhaus war.

schlafen. Daran kann sich Walter Nehls noch gut erinnern. Alles wurde selbstgemacht , und die Familie wurde sozusagen ›aus Bordmitteln‹ ernährt, so gut es ging. Nach 1960 änderte sich das Leben, und es gab keine jungen Leute mehr. An der Stelle, wo früher die Kammern waren, entstanden Ferienwohnungen für Sommergäste. Zehn Jahre später trennte man sich von den Milchkühen. Die ganze Arbeit konnte ohne Hilfe nicht geschafft werden. Von da an wurde Jungvieh auf dem Hof gemästet und an Schlachtereien verkauft. In den 80er Jahren begann man, sich auf die Schweinemast zu spezialisieren. Immer wieder haben sich die Zeiten verändert und forderten angepaßte Arbeitsweisen. Jede Generation hat anders gewirtschaftet, besonders, seit technische Neuerungen viele alte Traditionen ganz schnell verschwinden ließen. Herr Nehls kann davon ein Lied singen. Er war damals der erste Bauer im Dorf, der die Pferde durch einen Traktor ersetzte. ›Damals sagte mein Vater: Du bist nicht lange Bauer.‹ Viele Gedanken an früher sind aber auch mit unvergeßlichen Erinnerungen verbunden.

Brot aus dem eigenen Ofen

Herr Nehls erinnert sich besonders gern an das selbstgebackene Brot seiner Mutter. In dem Backhaus, das noch heute hinter dem Haus steht, wurden alle 14 Tage 20 Laib Roggenbrot gebacken. Dann brachte der Müller das fein gemahlene Roggenmehl direkt in die Küche und leerte die Säcke über dem großen Brottrog aus. Fast ein Zentner Mehl wurde mit Wasser, Sauerteig und Salz verknetet. Mit einem Leinenlaken überdeckt, blieb der Teig stehen, bis er durchgesäuert war. Am Abend, bevor das Brot gebacken wurde, mußte der Ofen vorbereitet werden. Um das Holz im Inneren des Ofens, der aus Lehm und Weidengeäst gebaut war, richtig stapeln zu können, mußte man regelrecht in die Öffnung hineinkriechen. Am nächsten Mor-

gen wurde Glut aus dem Haus zum Ofen getragen, um das Feuer entfachen zu können. Schlugen die Flammen dann hoch, setzte man die Brote das erste Mal mitten ins Feuer hinein. ›Gasseln‹ nannte sich das, was nur kurze Zeit dauerte, dann nämlich nahm man die Laibe wieder heraus. Nun brannte das Feuer und heizte den Ofen richtig auf. Nach zwei Stunden holte man die Glut heraus und löschte sie vor dem Ofen mit Wasser, der jetzt die richtige Temperatur hatte. Die Brote wurden auf den glatten Steingrund geschoben und fertig gebacken. Danach war noch immer genug Wärme, um Mischbrot und danach noch Kuchen zu backen.

›Das Brot schmeckte phantastisch und hielt sehr lange frisch.‹ Während des Zweiten Weltkrieges war Walter Nehls einige Zeit in Frankreich in Kriegsgefangenschaft. Bis dorthin schickte seine Mutter das geliebte Brot. Drei Wochen dauerte der Transport. ›Aber es schmeckte noch immer wunderbar.‹

Die Zeiten ändern sich

Heute ist das Backhaus zum Ferienhaus umfunktioniert. Selberbacken würde sich nicht mehr lohnen. Die meisten Dinge, die man früher selbstverständlich machte, sind heute hinfällig geworden. Kaum einer der herkömmlichen Betriebe ist nicht spezialisiert. Und dies hauptsächlich, weil sich die ganzheitliche Nutzung eines landwirtschaftlichen Betriebes wegen der hohen Kosten der Maschinen heute nicht mehr rentiert.

Trotzdem werden noch viele Arbeiten auf dem Hof verrichtet, die sich eigentlich nicht mehr lohnen. So hat Frau Nehls schon morgens fünf Hühner geschlachtet und verkaufsfertig gemacht. Zwei Stunden war sie damit beschäftigt. ›Wenn ich die zum Schlachten weggebe, bezahle ich 3 Mark pro geschlachtetes Huhn‹, erzählt sie. Verkauft werden die Suppenhühner dann für 7 Mark. Stundenlöhne dürfen hier natürlich nicht ins Kalkül gezogen

werden. ›Dann waren die noch so schön,
daß ich mich bei ihnen entschuldigte, als
ich sie schlachtete.‹ Aber irgendwann sind
sie zu alt zum Legen. Die Eierschalen werden dünn und brüchig, und man muß sie
schlachten. Und diese Arbeiten verrichtet
sie neben vielen anderen auch heute noch.
Eigentlich haben sich die beiden weitgehend aus der Landwirtschaft zurück-
gezogen. Walter Nehls ist seit acht Jahren
Bürgermeister in Lankau. Damit ist er voll
beschäftigt.

Die neue Landwirtschaft

Seit fünf Jahren bewirtschaftet der Sohn
Ernst-Walter den Betrieb, allerdings etwas
anders, als es heutzutage im allgemeinen
üblich ist: Vor dem Haus stehen Schilder,
die biologisch angebaute Produkte anprei-
sen. ›Am Tag als unser Sohn den Hof übernahm, wurde die Giftspritze abgeschafft‹,
erzählt sein Vater. Heute wird hier unge-

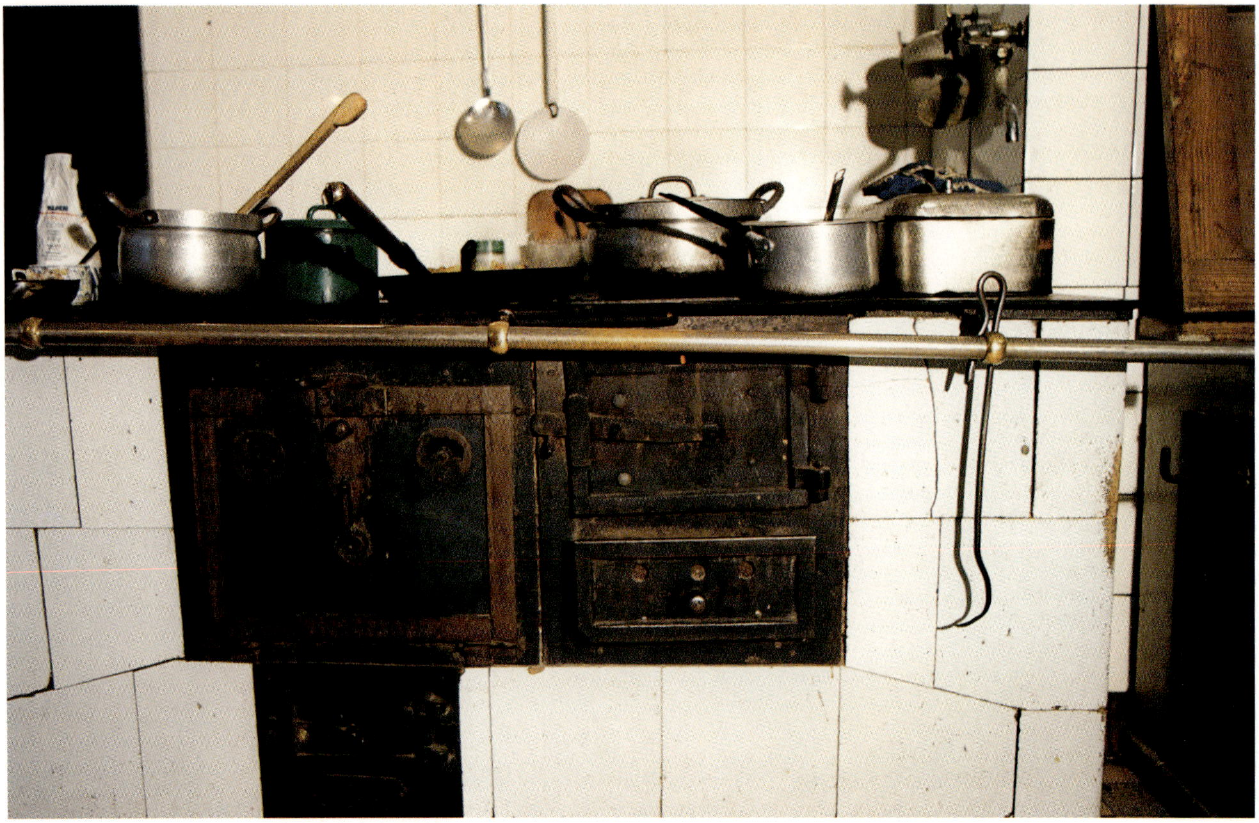

Marieliese Nehls kocht noch wie in alten Zeiten.

Zum Feuern dient Kleinholz, das auf einem großen Berg im Wirtschaftsteil lagert. Es stammt von den Knicks, die hier in der Gegend noch die Felder säumen.

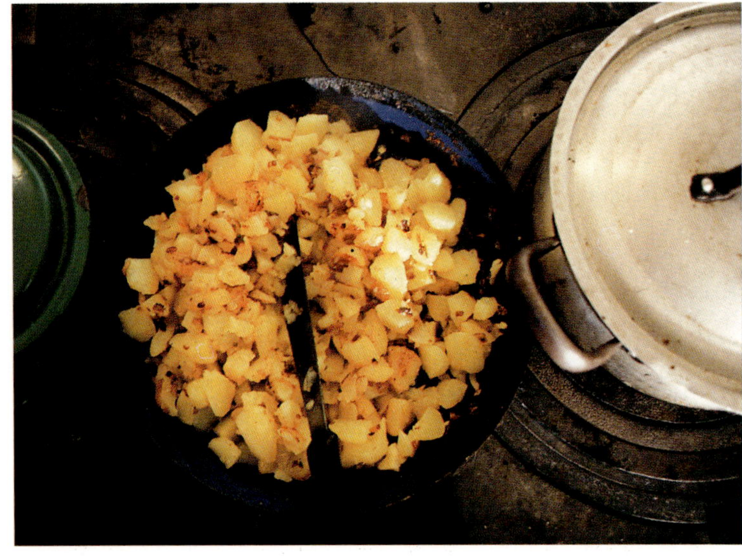

... bessere Bratkartoffeln als die von Frau Nehls gibt es nicht.

spritztes Obst und Gemüse angebaut, die Äcker werden ohne Kunstdünger bestellt. Die Schweine im Stall sind noch nicht so überzüchtet, daß sie gesundheitliche Schäden davontragen. Sie können sich draußen nach Herzenslust im Schlamm suhlen.

Eines der Schweine ist dressiert: Es spaziert schon einmal mit den Kindern zum Baden.

Unter Obstbäumen grasen Esel, hinter einem Bretterverschlag stehen Schafe. Kein Wunder, daß immer wieder Fahrräder und Autos auf dem Hof halten. Meist steigen Kinder mit aus. In dem kleinen hofeigenen Bioladen gibt es fast alles zu kaufen: Brot, Getreide, Milch und Fleisch, Wurst, Saft, Obst, Gemüse. Selbst biologisches Bier ist im Angebot. Vor der Ladentür ist eine Klingel. Wenn keiner kommt, bedient man sich auch selber, legt hinterher Geld auf den Tresen oder schreibt an. Dafür liegt ein kleines grünes Heftchen an der Kasse. ›Beklaut worden sind wir eigentlich noch nie‹, erzählt Frau Nehls, die oft selbst im Laden steht. So etwas findet man heute nur noch selten.

Dennoch war es für Walter und Marieliese Nehls nicht ganz einfach, zu akzeptieren, daß der Sohn ›alles anders machen wollte‹. ›Anfangs brach für uns eine Welt zusammen‹, erzählen die beiden. Auch wenn die Freude darüber, daß der Sohn den Hof übernehmen wollte, groß war, waren die beiden doch skeptisch, ob das alles so funktionieren könnte. Inzwischen leben die beiden selbst ›ganz biologisch‹, auch wenn sie ab und zu auch mal ›da einkaufen, wo es billig ist‹. Obwohl die beiden Generationen unter einem Dach leben, führt jede ihr eigenes Leben. Im Erdgeschoß leben die Eltern, im Obergeschoß der Sohn. Die Gewohnheiten sind verschieden, jeder geht seinen eigenen Weg, auch wenn man sich natürlich hilft, wo man kann.

Walter und Marieliese schätzen ihren geregelten Tagesablauf. Am Küchentisch zu sitzen und daran ein wenig teilzuhaben ist schön.

Pünktlich um 15 Uhr ist Kaffeezeit bei Nehls.

Küchenleben bei Nehls

Viele Jahre dürfte sich hier nicht viel verändert haben. Das sieht man. In der Mitte der geräumigen Küche steht ein Tisch mit sechs Stühlen auf dem gekachelten Fußboden. An der einen Seite der riesige Kochherd, daneben eine große Holzkiste, in der das Feuerholz lagert. Eine Spüle, ein Kühlschrank und ein großer alter Einbauküchenschrank gegenüber dem großen Fenster. Es ist halb zwölf, Zeit für Frau Nehls, mit dem Mittagessen zu beginnen. Plötzlich stehen Schüsseln und Töpfe, Tüten und Löffel, Eier und Kartoffeln auf dem Herd. Flammen schlagen hoch, als sie in Windeseile die gußeisernen Ringe, mit denen die Feueröffnung reguliert wird, entfernt. Schon steht die Pfanne über dem Feuer. Schmalz und Zwiebeln werden geröstet, Kartoffeln zugegeben. Es zischt, brutzelt und duftet. Immer wieder flitzt Frau Nehls nach draußen, schneidet im

Garten Salat, setzt Milch auf, holt die Pfanne vom Feuer, rührt, mischt und füllt in Schüsseln. So schnell kann man kaum folgen. Während die Spiegeleier braten, wird der Tisch gedeckt, der Salat angemacht, das restliche Sauerkraut vom Vortag angewärmt. Alles geht blitzschnell, und um Punkt 12 Uhr steht das dampfende Essen auf dem Tisch. Man kann nicht widerstehen.

Ob sie alles wie immer machen solle, fragt sie. Natürlich. Und so beginnt die Mahlzeit mit der ›Vorsuppe‹. Rhabarbergrütze mit Vanillesoße. ›Nur sonntags essen wir das anders herum. Das ist noch eine alte Sitte‹, erfahren wir. Früher, wenn die Bauern im Sommer verschwitzt vom Feld kamen, tat etwas Frisches gut. Zudem ließ sich das fette Essen so besser vertragen.

Der geregelte Tagesablauf ist etwas, was die beiden sich erhalten haben und was sie schätzen. Der Tag beginnt um halb sieben mit dem Kaffee. Dann macht Herr Nehls das Radio an und liest Zeitung,

Alles geht blitzschnell, und um Punkt 12 Uhr steht das dampfende Essen auf dem Tisch. Man kann nicht widerstehen.

bevor die Tagesgeschäfte erledigt werden. Punkt 12 Uhr wird Mittag gegessen. Danach ist Mittagsstunde. ›Die schönste Zeit des Tages.‹ Um 15 Uhr ist Kaffeezeit. Wieder ist der Küchentisch gedeckt. Kaffee, Rosinenbrot, Schwarzbrot, Käse, selbstgemachte Marmelade und Kekse. Fasziniert bleibt der Blick auf dem Teller von Frau Nehls hängen. Sie bereitet mit rührender Sorgfalt Brote für ihre Schwiegermutter: eine Scheibe Schwarzbrot, eine Scheibe Weißbrot, davon jeweils die Rinde entfernt, dazwischen Butter, das Ganze in mundgerechte Stücke geschnitten und mit verschiedensten Aufstrichen belegt. Ein farbenfrohes Kunstwerk auf einem Holzbrett, das sie wenig später über die Straße ins Haus der Schwiegermutter trägt.

Dieses Bild wiederholt sich einige Wochen später nicht wieder. Die Schwiegermutter stirbt 9 Tage vor ihrem 90. Geburtstag. ›Sie war bis zuletzt nicht allein‹, erzählt Frau Nehls. So ist es heute noch auf dem Lande.

Daß bei Nehls ein großer Berg mit Knickholz in der Scheune liegt, ist ungewöhnlich. In den meisten Gegenden Schleswig-Holsteins wurden die Felder und Wiesen vor etlichen Jahren neu verteilt. Die Knicks verschwanden und veränderten das Landschaftsbild. In der Gegend um Lankau ist dies nie passiert. So dient das dünne Geäst der Buschreihen als Holz für den Herd von Frau Nehls. Auch die Heizung wird hier noch mit Holz betrieben. ›Die Wärme ist einfach schöner‹, finden die beiden.

Alles scheint wie maßgeschneidert für das Leben von Walter und Marieliese Nehls. Um so schwieriger ist die Vorstellung, daß sich alles in schon sehr kurzer Zeit ändern wird. Auf dem Grundstück nebenan entsteht ein neues Altenteilerhaus, in das die beiden in wenigen Wochen einziehen werden. Ein modernes Wohnhaus mit Gasheizung und nagelneuem Herd. Die beiden freuen sich sehr auf ihren langersehnten Ruhestand, auch wenn sie sich selbst noch nicht richtig vorstellen können, wie alles werden soll. Aber

der Weg ist nicht weit und die Sicht zum Hof frei. Zur Straße hin sehen zu können ist etwas, was den beiden schon immer wichtig war. Auch die paar Autos stören sie nicht. ›Mein Schwiegervater hatte den Fernseher direkt neben dem Fenster zum Hof stehen‹, erzählt Frau Nehls. Man ist ja nicht aus der Welt.

Wie sie mit der neuen, viel kleineren Küche zurechtkommen wird, weiß Frau Nehls noch nicht. Sicher ist, daß ein Tisch in der Küche Platz haben muß. Wenn die Tochter und der Schwiegersohn mit ihren Kindern kommen, müssen 6 Leute am Küchentisch Platz haben. Aber sie ist zuversichtlich: ›Ich weiß zwar nicht, wie man das machen kann, auf einem Elektroherd zu kochen. Aber das tun ja schließlich alle. Da werde ich das wohl auch können‹, sagt sie.

Im Gemüsegarten.

*Schon von weitem sieht
man die Kirche zu Klein
Wesenberg auf einem
Hügel stehen.*

Eine Kirche macht Geschichte

Es ist ein kühler Märzmorgen, als wir uns nach Klein Wesenberg aufmachen. Eine unscheinbare Autobahnausfahrt kurz vor Lübeck, und von dort aus tuckern wir über schmale Straßen durch Wiesen und Felder. Leichter Nebel liegt in der Luft. Ohne einem einzigen Auto zu begegnen, nähern wir uns dem kleinen Dorf. Schon von weitem sieht man das Backsteingemäuer auf einem Hügel liegen, an dessen Fuß die Trave gemächlich vorbeifließt.

Langsam rollt unser Wagen ins Tal, wir überqueren die Brücke. Kurz danach muß eine steile Straße auf den Kirchberg hinaufführen.

Während wir über den ungleichmäßig asphaltierten Weg auf den Berg schleichen, fällt uns unweigerlich das Titelbild der Kriminalgeschichte ein, die uns hierher geführt hat: Ein Skelett sitzt an der Orgel. Das ist alles. Dazu ein knallroter Hintergrund und der Titel ›Wenn der Tod tanzt‹. Wenn man dieses Bild mit dem Ort in Verbindung bringt, dann ist Klein Wesenberg mehr als nur eine der unzähligen winzigen Ortschaften in Schleswig-Holstein, die wunderschön gelegen sind, an denen man aber trotzdem fast achtlos vorüberfährt. Der steile Weg auf den Kirchberg ist plötzlich nicht mehr irgendeine Straße auf irgendeinen Berg, sondern er wird Zufahrt zu den düsteren Begebenheiten eines Kriminalstücks, dessen Urheber wir im Pastorat treffen werden.

Wir hätten Christian Uecker niemals kennengelernt, hätte die Presse nicht darauf hingewiesen: ›Pastor schreibt Krimi für Orgelsanierung‹, war da zu lesen. Und in der Tat steuert jeder, der das Buch kauft, Geld für die Sanierung der altersschwachen Orgel bei. Eine interessante Idee, fand nicht nur die Presse, die gern über den krimischreibenden Pastor berichtete, sondern auch die vielen, die neugierig auf den ›Kriminalfall‹ in der Kirche wurden.

›Ein schönes Stück Handwerkskunst‹

›Eigentlich tut sie mir ein bißchen leid‹, erzählt Christian Uecker und meint damit die Kirche, deren Pastor er ist und die eine wichtige Rolle spielt in seinem Kriminalroman: ›Wenn der Tod tanzt‹. Nicht immer haben es die Zeiten gut gemeint mit dem Kirchlein, das trotzdem so stolz erhaben und schon von weitem sichtbar auf einem Hügel liegt.

Gut hundert Jahre ist es her, daß die Kirche in schlichtem, neugotischem Backstein erbaut wurde, nachdem die alte Kirche zu Klein Wesenberg im Jahre 1882 durch ein Feuer zerstört worden war. Die ersten hundert Lebensjahre sind nicht ohne Spuren an ihr vorübergegangen. In beiden großen Weltkriegen verlor sie ihr Glockenwerk. In den 6oer Jahren riß man fast alles, was alt war, aus der Kirche heraus: das Fürstengestühl, den neugotischen Altar und vieles mehr. Die Orgel hat man der Kirche zwar gelassen, ihr einst wunderschönes Orgelprospekt aber wurde dem Zeitgeist der 6oer Jahre entsprechend modernisiert. Das Resultat: eine schmucklose Fassade. Dahinter verbergen sich jedoch die hundert Jahre alten Pfeifen und Rohre und ein Klang, der eine solch farblose Umgebung eigentlich nicht verdient hat. ›Es ist nicht die Orgel vom Lübecker Dom, aber es ist ein gutes Stück Handwerkskunst des 19. Jahrhunderts‹, erzählt Pastor Uecker.

›Eigentlich tut sie mir ein bißchen leid‹.

›Es ist nicht die Orgel vom Lübecker Dom, aber es ist ein gutes Stück Handwerkskunst des 19. Jahrhunderts.‹

›Wenn der Tod tanzt‹ – der Kriminalroman von Christian Uecker hat viel Aufsehen erregt.

Am Anfang war die Not

Alles begann damit, daß die hundert Jahre alte Orgel in der Kirche zu Klein Wesenberg gestimmt werden sollte. Sachverständige und Orgelbauer stellten jedoch recht schnell fest, daß es damit nicht getan sein sollte: Die Orgel müsse saniert werden, für ungefähr zweihunderttausend Mark, hieß es. Der Schock ging durch die Reihen des Kirchenvorstandes. Wie sollte soviel Geld beschafft werden? Und lohnte es sich überhaupt …

Pastor Uecker war der Meinung, es lohne sich. Man müsse doch die wenigen alten Stücke, die Kirche noch besitze, erhalten. Und er hatte eine Idee, wie.

Christian Uecker schrieb einen Krimi über die Kirchengemeinde Klein Wesenberg. Er hoffte, einen Verlag und ein Publikum zu finden. Beides fand er. Inzwischen liegt ein kleines Taschenbuch in den Buchhandlungen aus. ›Wenn der Tod tanzt‹ ist das Resultat der Idee von Christian Uecker, der daran glaubte, daß es möglich ist, so Geld für die Orgelsanierung einzutreiben. Und immer wieder treffen Zahlungen von unbekannten Spendern – sogar aus Österreich – in Klein Wesenberg ein.

Ein Skelett auf dem Dachboden

Die Geschichte liest sich so, wie man es von einem guten Kriminalroman erwartet: Man kann nicht mehr aufhören.

Schauplatz der Handlung ist das Dorf Klein Hasenberg. Beim Versuch, den Dachboden der Kirche von Tauben zu befreien, stößt Alfred Langbehn auf ein Skelett, das vor vielen Jahren im Uhrenkasten der Kirche versteckt worden war. Alles deutet dearauf hin, daß das Opfer ermordet wurde. Der Fund läßt die Gemeinde hochschrecken, jeder beschäftigt sich auf seine Art mit dem Vorfall. Es geschieht ein zweiter Mord. Verdächtigungen, heimliche Nachforschungen, Wühlen in alten Akten und Unterlagen lassen im

Den Kopf voller Ideen –
Pastor Christian Uecker

Dorf eine merkwürdige, allzu menschliche Stimmung entstehen ... Einfühlsam und rasiermesserscharf werden Eigenarten und Gewohnheiten der Bewohner im Dorf geschildert.

Der Krimi ist die Geschichte eines Dorfes, geschrieben von einem, der weiß, wovon er redet. Seit sechseinhalb Jahren ist Christian Uecker Pastor der Gemeinde Klein Wesenberg. Er stellt seine unmittelbare Umgebung plastisch und greifbar dar, er erzählt aber auch von sich selbst. Pastor Uecker ist ein vielseitiger Mensch; ideenreich, optimistisch und humorvoll.

Das Buch, das er geschrieben hat, ist sein Blick auf eine Gemeinde, die seine Arbeit auf eine harte Probe stellt. Es gibt Sonntage, an denen predigt er lediglich vor fünf Leuten, manchmal sind es nur drei. ›Mir sind drei lieber, die kommen wollen, als hundert, die eigentlich nicht wollen‹, sagt er, und das nimmt man ihm ohne weiteres ab. Denn der Pastor wirkt keineswegs unzufrieden.

Der Ort des Geschehens

Auch wenn das Backsteingebäude mit seinem großen, teilweise sehr alten Friedhof recht majestätisch daliegt, bleibt die Überraschung nicht aus, wenn man das Innere der Kirche betritt: Man wird von einer unerwartet nüchternen, schmucklosen Atmosphäre empfangen. Die größte Enttäuschung dabei ist die legendäre Orgel, um die sich in letzter Zeit so vieles dreht.

Spätestens aber, als wir zur Orgel hinaufsteigen, scheint es, als würden wir selbst das Krimigeschehen noch einmal erleben. Hier bei der Orgel ist die erste Station auf unserem Weg hinter die Kirchenkulissen. Aber es geht noch weiter. Der Aufstieg zum Dachboden ist im Roman beschrieben: ›Schon die Treppe zum Dachboden war unangenehm. Sie wurde selten benutzt, war voller Spinnweben, Mörtel war auch hier heruntergebröckelt, das Geländer fühlte sich klebrig an. Ihm (Alfred Langbehn) wurde zunehmend unwohler zumute. Schließlich hatte er sein Ziel erreicht, öffnete die kleine Luke, die ins Innere des Daches führte. Die Tauben gurrten, zwei kleine Dachfenster, durch die ein wenig Licht fiel, gaben dem Raum ein gespenstisches Aussehen. Der Dachboden bestand im wesentlichen aus tragendem Gebälk: ein langgestreckter Raum von ungefähr zwanzig Metern Länge, in der Mitte verlief ein kleiner Holzsteg auf dem Hauptbalken, von dem in regelmäßigen Abständen die Seitenverstrebungen abgingen. Darunter lag die dünne Holzdecke, aufgenagelt auf die Seitenbalken und viel zu schwach, um einen Mann zu tragen. Für die Tauben dagegen reichte es, um ihnen als Wohnstätte zu dienen.‹

Nicht ganz so gespenstisch ist der Aufstieg für uns. Der Treppenaufgang muß inzwischen ein paarmal benutzt worden sein. Trotzdem, auch ohne klebriges Geländer, muß man schwindelfrei sein, um die Stufen zu überwinden, die immer den Blick in die Tiefe freigeben. Oben angekommen, stellt sich alles erschreckend so dar, wie im Krimi beschrieben. Lediglich den Tauben hat man den Garaus zu machen versucht. Eine liegt tot unter einem Balken. Und dann kriechen wir auch durch die kleine Luke, die in den Glockenturm führt, und betrachten gebannt den alten Uhrenkasten, der ein Skelett in seinem Inneren beherbergte ...

Authentisch sind aber nicht nur die Schauplätze des Krimis, sondern auch die beschriebenen Personen. ›Als die Leute vom Dorf das Buch lasen, sagten sie nur: Das ist der, und das ist der. Die haben sich sofort wiedererkannt.‹ Verärgert war aber niemand darüber. Das liegt an der einfühlsamen Beschreibung von Christian Uecker. Durchaus schrullig und eigenwillig fallen seine Darstellungen aus, aber immer trifft er einen Tonfall, der sie doch allesamt fair und wohlwollend charakterisiert. ›Das war ganz einfach‹, erzählt Pastor Uecker, ›Leute, die ich nicht mag, tauchen auch nicht auf.‹

In der Kirche zu Klein Wesenberg findet man vieles wieder, wovon Christian Uecker in seinem Krimi erzählt.

... im alten Uhrenkasten auf dem Dachboden der Kirche wird ein Skelett gefunden.

Schmale Stiegen führen zum Ort des Krimigeschehens.

Aus den Erzählungen von Pastor Uecker ist herauszuhören, daß mit dem Kirchenkrimi seine Autorenkarriere nicht beendet ist. Kein Wunder, denn der Erfolg blieb nicht aus, und dies nicht zuletzt deshalb, weil er den Mut eben hat, sich der Kritik zu stellen. Das provozierende Titelbild des Romans ist ein Beweis dafür: Ein Skelett sitzt an der Orgel. Die Auseinandersetzung mit dem Tod ist auch in der Realität für ihn ein wichtiges Thema. Nicht umsonst stellt er auch Pastor Falke im Krimi als jemanden dar, ›der seine Gemeinde stets mit aller Eindringlichkeit mit dem Sterben konfrontiert‹.

Das Buch ist nicht nur so erfolgreich wegen der Hintergründe seines Entstehens, sondern auch, weil es von Menschen erzählt, über die für gewöhnlich nicht geschrieben wird.

Mit Christian Uecker kann die Kirche zu Klein Wesenberg einer neuen Zeit getrost entgegensehen. Eine renovierte Orgel wird sie bald haben, und der zweite Krimi steht schon unter Vertrag. Man darf gespannt sein.

Die Restaurierung der Orgel kostet viel Geld. Pastor Uecker schrieb einen Kriminalroman, dessen Erlös mit dazu beitragen soll, das Geld zusammenzutragen.

Literatur

Albrecht, Dietmar: *Literatur Reisen Schleswig-Holstein. Wege - Orte - Texte.*
Klett Verlag für Wissen und Bildung, Stuttgart, 1993.

Das Bauernhaus im Deutsche Reiche.
Atlas und Textband, Berlin, 1906,
Nachdruck in Auszügen 1976/1977,
Verlag Th. Schäfer, Hannover 1989.

Breuer, Harald, Reimer-Prüß, Jens: *Schleswig-Holstein. Regional- und Freizeitführer.*
VSA-Verlag, Hamburg, 1990.

Eiderstedter Nachrichten
vom 20. November 1981.

Grope, Sven, Leier, Anne: *Schleswig-Holstein, sehen und erleben.*
Süddeutscher Verlag, München, 1989.

Die Heimat.
48. Jahrgang, Heft 5, S. 135-139.

Hess, Helmut: *Chronik von Uelvesbüll.*
Herausgegeben von der Gemeinde Uelvesbüll, 1985.

Interessengemeinschaft Baupflege Nordfriesland (Hrsg.): *Haubarge. Eine Bauernhausform hat abgewirtschaftet?*
Verlag Nordfriisk Instituut, Bredstedt, 1984.

Dr. Junge, Kurt: *Das friesische Bauernhaus.*
Heft 12 der Schriftenreihe,
Verlag Gerhard Stalling, Oldenburg i. O.,1936.

Kamphausen, Alfred: *Das Schleswig-Holsteinische Freilichtmuseum. Häuser und Hausgeschichten.*
Karl Wachholtz Verlag, Neumünster 1989,
12. erweiterte Auflage.

Koch, Johannes Hugo: *Schleswig-Holstein. Zwischen Nordsee und Ostsee: Kultur, Geschichte, Landschaft.*
DuMont Buchverlag, Köln 1977.

Lösche, Kari und Karl-Heinz: *Häuser der Uthlande. Friesische und jütische Häuser im deutsch-dänischen Grenzgebiet.*
Verlag Nordfriisk Instituut, Bredstedt, (o.Jahr).

Neuschäffer, Hubertus: *Schleswig-Holsteins Schlösser und Herrenhäuser.*
Husum, 1989.

Quedens, Georg: *Die Halligen.*
Berklumer Verlag, 1975, 6. Auflage, 1982.

von Rumohr, Wulf-Henning: *Schlösser und Herrenhäuser im Herzogtum Schleswig.*
2. veränderte Auflage.
Verlag Weidlich, Frankfurt/Main, 1979.

von Rumohr, Wulf-Henning: *Im Strom der Zeit. 750 Jahre Familie und Gut. 400 Jahre Rumohr auf Rundhof.*
(ohne Verlag), 1984.

von Rumohr, Wulf-Henning, Neuschäffer, Hubertus: *Schlösser und Herrenhäuser in Schleswig-Holstein.*
Verlag Weidlich, Frankfurt/Main, 1983.

Spitzing, Günther: *Wanderungen in Schleswig-Holstein. Natur - Kunst - Kultur.*
Brunckmann Verlag, München, 1992.

Thiede, Klaus: *Bauernhäuser in Schleswig-Holstein.*
Westholsteinische Verlagsanstalt Boyens & Co, Heide.

Uecker, Christian: *Wenn der Tod tanzt.*
Lutherische Verlagsanstalt, Kiel, 1994.

Wolf, Gustav: *Schleswig-Holstein.*
Dietrich Reimer Verlag/Andrews & Steiner, Berlin, 1940.